在绝境中活下来：
尼采超级生存哲学

〔日〕白取春彦 著

贾耀平 译

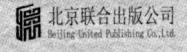

北京联合出版公司

图书在版编目（CIP）数据

在绝境中活下来：尼采超级生存哲学/（日）白取春彦著；贾耀平译. -- 北京：北京联合出版公司，2023.8

ISBN 978-7-5596-6969-8

Ⅰ. ①财⋯ Ⅱ. ①白⋯ ②贾⋯ Ⅲ. ①尼采（Nietzsche, Friedrich Wilhelm 1844-1900）—哲学思想—通俗读物 Ⅳ. ①B516.47-49

中国国家版本馆CIP数据核字（2023）第105493号

超訳　ニーチェの言叶
ATAMA GA YOKUNARU SHIKOUJUTSU
Copyright 2005 by白取春彦
Original Japanese edition published by Discover 21, Inc., Tokyo, Japan
Simplified Chinese edition published by arrangement with Discover 21, Inc.
through Chengdu Teenyo Culture Communication Co.,Ltd.

北京市版权局著作权合同登记号　图字：01-2023-3284

在绝境中活下来：尼采超级生存哲学

［日］白取春彦　著　贾耀平　译

出 品 人：赵红仕
出版监制：赵鑫玮
选题策划：小象柑橘　刘睿铭
责任编辑：李艳芬
封面设计：李尘工作室
内文排版：末末美书

北京联合出版公司出版
（北京市西城区德外大街83号楼9层　100088）
北京联合天畅文化传播公司发行
北京美图印务有限公司印刷　新华书店经销
字数110千字　787毫米×1092毫米　1/32　8.75印张
2023年8月第1版　2023年8月第1次印刷
ISBN 978-7-5596-6969-8
定价：52.00元

版权所有，侵权必究
未经书面许可，不得以任何方式转载、复制、翻印本书部分或全部内容
本书若有质量问题，请与本公司图书销售中心联系调换。电话：（010）64258472-800

前 言
桀骜孤独的哲学家

德国哲学家弗里德里希·威廉·尼采生于19世纪中叶,逝于20世纪破晓。他二十四岁时受聘为瑞士巴塞尔大学教授。仅仅任教十年左右,他因健康之故,前往欧洲各国旅行疗养,并坚持风格独特的论著与思考。

《查拉图斯特拉如是说》是尼采众多著作中最广为人知的作品。即使不知道该书的人,也可能听过由理查·斯特劳斯创造的同名曲调。它也是《2001太空漫游》的主题曲。

尼采是哲学家，但他并非思考各种难解之谜或抽象事物、著书立说的老学究。他批判当时的基督教过于强调亡者冥界，同时强烈提倡人们应该注重现世此生的真理、善行和道德。也就是他主张的哲学是为了活生生的人。

尼采之所以扬名全世界是依靠他极为敏锐的洞察力。在他各种让人耳目一新的短句小文中，世人能感受到他的笔调犀利尖锐，一针见血，生机勃勃并且无所畏惧，灵魂桀骜不驯，并且志存高远，这些箴言名句总让人镌刻心头，久久难忘。

他的特征主要体现在简洁的名言警句和精悍的小短文中。本书从其中甄选出适合现代人的名言并整理成册。

尼采的哲学或者说独特思想并非如康德或黑格尔哲学有庞大的哲学体系，它多以热忱文思缀成的小句短文为主。

虽说是短句，但字里行间都充满尼采的思想魅力。比如说"人的肉体是大理性，所谓精神是小理性"，不得不说如此大胆的文思的确充满了艺术性的魅力。

如果是康德这样耿直老实的哲学家，一定会解释理由然后阐述自己的哲学主旨，但是尼采不会，他只会一脸冷漠地把观点主张扔过来，默不作声。从这一点上来说，尼采更像个艺术家。

对于尼采的各种流言蜚语和误解曲解从很早之前就没有消停过，比如说"尼采的思想是纳粹主义的基石""宣扬了虚无主义哲学""是反犹太主义"等等。

更有甚者说尼采的思想助长了希特勒和纳粹主义的思想，这简直是血口喷人。首先，希特勒和纳粹主义，他们歪曲了各种领域的思想，恬不知耻地粉饰自己的邪恶，以掩埋空虚和虚张声势。

其次，尼采的妹妹曾投靠纳粹主义者，做过帮凶。还有匈牙利的马克思主义哲学家卢卡奇提出尼采是纳粹主义的先驱。种种这些曲折也加深了世人对尼采的误解。

另外，批评尼采是反犹太主义派的言辞也非事实，其实更应该称其是反宗教的。那尼采到底反感宗教什么地方呢？总而言之，就是宗教总是强行灌输一些所谓来自亡者冥界、神灵、来世或无限未知的道德尺度，而尼采认为真正必要的是现世活生生的人的道德标准。因此，尼采的思想又被称为"生存哲学"。

尼采并不是虚无主义的哲学家，他恰恰批判虚无主义。

虚无主义的英文是"Nihilism"。其中，"nihil"在拉丁语中指的是"什么也没有"。虚无主义者认为世界上不存在绝对价值或真理。现代社会中，价值相对主义的泛滥致使绝对价值被忽略不见了。这种状态也称为虚无主义时代。

但实际上，现代人视金钱和利润为绝对价值。当人们找不到某物的"绝对价值"，就会忐忑不安，惶恐不已。

到19世纪，西欧社会的绝对价值和真理是基督教的道德标准。但是尼采认为传统基督教给世人灌输了不可能存在的价值，因此它的道德标准使人的本能受到压抑，基督教伦理约束了人的心灵。

那么，金钱和利润是否就是现代社会新的绝对价值呢？尼采并不认同，他认为金钱和利润只不过是代替神的一种价值，是现代人为了摆脱虚无主义而创造的另一种虚无主义罢了。

"我们在永恒的虚无中飘摇"——来自尼采所写的《查拉图斯特拉如是说》。在收录尼采遗稿的《权力意志》一书中，他说"对现在道德的怀疑必将席卷世界"。字里行间都似在预言世界的现状。

尼采的哲学绝不晦涩，甚至浅尝辄止都会让读者莫名兴奋。这种兴奋不是来自尼采的文章，而是积极的思维创造的鲜活感给读者带来关于生命和生活新的刺激和启发，而这正是尼采最大的魅力所在。

目 录

前　言　桀骜孤独的哲学家

第一章　己之篇

1　万事从尊重自我开始　/003
2　不在意他人眼光　/004
3　"每日三省"大可不必　/005
4　充分的睡眠治愈疲惫身心　/006
5　自我表现的三种形式　/007
6　千人千技　/008
7　做自己的主人　/009
8　知其所以然才可明路　/010
9　一言一行影响世界　/011
10　先从了解自己开始　/012
11　思维与时俱进　/013

12 客观地看待自己 /014

13 用行动赢得信赖 /015

14 释义两难论 /016

15 献给寻找自我的人 /017

16 乐活的秘诀 /018

17 渴望瞩目却被忽略 /019

18 好奇害死猫 /020

19 恐惧来自内心 /021

20 不"为了什么" /022

21 不断努力 /023

22 爱知己前先爱自己 /024

23 安居之所在哪儿 /025

24 风景无限藏胸中 /026

第二章　喜之篇

25 欢笑不嫌多 /029

26 名为"满足"的奢侈 /030

27 晨思 /031

28 各色欢喜 /032

29 有工作并非坏事 /033

30 一起走下去 /034

31 快乐学习 /035

32 悦人会悦己 /036

33 内心常喜 事事顺意 /037

34 尽享当下 /038

35 宁静致远才能独具慧眼 /039

第三章　生之篇

36 迈步才能前进 /043

37 精彩人生 精彩之旅 /044

38 选择向阳之物 /045

39 轻装攀高峰 /046

40 无悔人生 /047

41 当机立断才能获得认同 /048

42 想当一天和尚撞一天钟 /049

43 蜕皮新生 /050

44 工作的馈赠 /051

45 计划要在实践中完善 /052

46 珍爱生活 /053

47 培养孩子卫生洁净的生活观 /054

48 设计你的生活 /055

49 不受占有欲支配 /056

50 走太快会错失人生好风景 /057

51 因为人终有一死 /058

52 身而为人的宿命 /059

第四章　心之篇

53 "大题小做"举重若轻 /063

54 有心光，才有希望 /064

55 风景的力量 /065

56 书写自我历史 /066

57 或改变看法，或反其道行之 /067

58 改变内心的生活习惯 /068

59 平等的欲望 /069

60 优点之下 /070

61 胜利绝非偶然 /071

62 畏首畏尾只会失败 /072

63 相由心生 /073

64 看不见本质 /074

65 反方的心理 /075

66 永远的敌人 /076

67 虚荣心的狡猾 /077

68 灵魂偏爱高贵奢华之水 /078

69 喜新厌旧是源于停滞不前 /079

70 思维活跃才会感到无趣 /080

71 疲惫时不要思考 无须动脑 /081

72 不同思维方式带来的不同感受 /082

73 自由带来聪慧 /083

74 捕获精神自由 /084

第五章　友之篇

75 交友之道 /087

76 友人对话 /088

77 人有四德 /089

78 成为挚友之后 /090

79 彼此信任无须形影不离 /091

80 有效社交促成长 /092

81 不讲分寸的人不可交 /093

82 必要的钝感力 /094

83 同类相吸 /095

84 友谊带来的良缘 /096

第六章　世之篇

85 摆脱世俗 活出自我 /099

86 因循守旧 腐蚀人心 /100

87 无须讨好所有人 /101

88 有自己的主张 /102

89 不被外表迷惑 /103

90 伤人会伤己 /104

91 不必为小事苦恼 /105

92 切勿人云亦云 /106

93 获得认可的依据 /107

94 人的两种统治 /108

95 倾听逆耳忠言 /109

96 超越集体的人 /110

97 规则带来的众多改变 /111

98 料理与力量 /112

99 恶人不自爱 /113

100 袭击者的内心 /114

101 利己解释 /115

102 老狐狸 /116

103 利字当头的假老师 /117

104 危险骤临 /118

105 快活在何处 /119

106 小心政客 /120

107 礼品要恰当 /121

108 虚假的判断 /122

109 滴水恩,涌泉报 /123

110 受骗者的悲伤 /124

111 掌权者的本质 /125

第七章　人之篇

112 沟通技巧 /129

113 不管旁人闲事 /130

114 不要歧视人的兽性 /131

115 两种人 /132

116 伟人亦有古怪 /133

117 真正有创造力的人 /134

118 领袖魅力的技巧 /135

119 仅有经历还不够 /136

120 胜就要大胜全胜 /137

121 了解自身的弱点和短板 /138

122 承诺的背后 /139

123 不随便决定事情的重要性 /140

124 人生栏杆 /141

125 为梦负责的勇气 /142

126 机敏与愚笨 /143

127 切勿自夸人品 /144

128 人的欲求 /145

129 从笑容看本性 /146

130 年少不必早有为 /147

131 玩世不恭者的心理 /148

132 自制者自由 /149

133 胆小者的危险性 /150

134 羞辱他人的恶行 /151

135 固执己见只会遭到反对 /152

136 滔滔不绝的人秘密不少 /153

137 学习技巧的前提 /154

138 没有风雨不见彩虹 /155

139 利己主义者的判断毫无根据 /156

140 怠惰滋生的执念 /157

141 发现他人的美 /158

142 贪欲重的人 /159

143 大胆的女人 /160

144 制造人生麻烦的急脾气 /161

145 让人久等不道德 /162

146 意外的礼仪 /163

147 判断善恶的利己主义 /164

148 出门去 /165

149 占有欲的奴隶 /166

150 激将法 /167

第八章 爱之篇

- 151 爱他本人 /171
- 152 爱的妙方 /172
- 153 学习去爱 /173
- 154 发展变化的爱 /174
- 155 爱如甘霖 /175
- 156 爱之眼 /176
- 157 接触新事物的诀窍 /177
- 158 爱的工作室 /178
- 159 爱与欲 /179
- 160 永恒之爱 /180
- 161 想要个恋人 /181
- 162 男人眼中的魅力女人 /182
- 163 结婚前的犹豫 /183
- 164 自恋者的贪爱之心 /184
- 165 带着责任心去实现梦想 /185
- 166 当女人不再是女人时 /186
- 167 爱是喜悦的桥 /187
- 168 女人的特别的爱 /188
- 169 熊掌与鱼 爱与尊敬 /189
- 170 爱是宽恕 /190

171 自然而然的真爱 /191

172 最狂妄的自恋 /192

173 忘记去爱 /193

174 爱让人成长 /194

175 恋爱人的眼中 /195

第九章　知之篇

176 救命的本能智慧 /199

177 看清本质 /200

178 改变视点 /201

179 人性善恶 /202

180 学习是美好生活的基石 /203

181 真理的论据 /204

182 盗书者 /205

183 应该阅读的书籍 /206

184 场馆与设施并不能催生文化 /207

185 阅读古典的益处 /208

186 真正的教育者会解放学生 /209

187 繁荣带来的启迪 /210

188 百忍成金 /211

189 通往理想的道路 /212

190 求知欲强的人不会感到无聊 /213

191 适度用力 /214

192 如果想成为专家 /215

193 勿忘善后 /216

194 所求在身边 /217

195 实践出捷径 /218

196 客观视角才能掌握全局 /219

197 抛掉自己的哲学 /220

198 精神层次 /221

199 没必要卖弄聪明才智 /222

200 习得才能 /223

201 实践出真知 /224

202 讲话的质与量 /225

203 远距离审视 /226

204 两种冷静 /227

205 聪慧的表露 /228

206 对话的作用 /229

207 心胸要开阔 /230

208 原因与结果之间 /231

209 逻辑合理并非充分条件 /232

210 独创性的条件 /233

211 低视角的世界 /234

212 看清现实与本质 /235

213 培养深刻思维 /236

214 朴素的表达方式 /237

第十章 美之篇

215 不要丢掉抱负与梦想 /241

216 遇见高贵的自己 /242

217 致年轻人 /243

218 不懈前行 /244

219 不对比,无光辉 /245

220 远距离的美 /246

221 矜持 /247

222 用自己的眼发现美 /248

223 向树学习 /249

224 大自然的温柔 /250

225 另一种奉献 /251

226 伟大的劳动者 /252

227 用人不疑 /253

228 纯熟的技艺 /254

229 寻找知性美人 /255

230 爱上感觉 /256

231 有福之路 /257

232 默默地自我试炼 /258

第一章

己之篇

1 万事从尊重自我开始

人绝不可妄自菲薄,自轻自贱,否则只会思想僵化,手脚受缚。

一切从尊重自己开始。自己是活着的、值得尊重的人,即使碌碌无为,毫无建树。

尊重自我,才能摒除脑中的恶念,不受良心的谴责。

尊重自我,改变自己的活法,才能进一步迈向理想,成为他人的榜样。

尊重自我,才能激发出更多的自身潜力,获得足够的力量实现理想。要想成就人生,就要从尊重自我开始。

——《权力意志》

2 不在意他人眼光

每个人都希望知道他人眼中的自己是什么模样——品性是否深得人心,形象是否器宇不凡,地位是否举足轻重。然而,过度执着于自己的面貌,对他人论调敏感脆弱并不是什么好事。

因为,很多时候你得到的不是公正评价,而是旁人的自以为是、偏听偏信。所谓"意料之中"的"理想评判"几乎是少之又少。生活中,绝大多数的旁观者只会说三道四、吹毛求疵。因此,决不要在意外部的评价,以免怒气伤肝,害了健康;决不要在意他人的想法,以免被口蜜腹剑的人戴上高帽子,沦为笑柄而不自知。

——《人性的,太人性的》

3 "每日三省"大可不必

工作完毕要总结,晚上睡前得反思。每每此时,你必然会想起自身或他人的问题,不知不觉就开始生气郁闷。为自己的短板郁闷,又埋怨他人的失误,最后只得以灰暗糟糕的心情草草收场。

这不过因为你的身体很疲惫,需要休息,绝不是冷静反思造成的。当一个人身心俱疲时,所谓的总结和反思都是滑入"郁闷"的陷阱。所以,当你疲惫时,不应该去反省反思,更不应该去做总结写日记。

当一个人聚精会神地思考问题,正兴高采烈地投入工作中时,他是不会反省自身,也不会反思过往的,因此,自责和抱怨都是身心疲惫的证据,也意味着我们该早早休息了。

——《曙光》

4 充分的睡眠治愈疲惫身心

当一个人陷入自厌情绪中，对一切都感到厌烦憎恶，无论做什么事都打不起劲儿来时，该怎么办？

能有什么办法来找回精气神呢？去赌博狂欢？去寄思上帝？做做时髦的放松疗法？让医生开剂维他命？去旅行散心？去借酒消愁？

其实，真正有效的是吃完饭后睡一觉，而且是睡一大觉。

当你睁开眼睛后，会发现世界焕然一新，自己也焕然一新，活力盎然。

——《漫游者和他的影子》

5 自我表现的三种形式

表现自我也指的是展示自己的力量和优势,形式上大致有以下三种:

◎ 馈赠
◎ 嘲讽
◎ 毁灭

给予他人爱与同情也是自我力量的表现。贬低、欺凌、否定他人也是自我力量的表现。你是如何展现自己力量的呢?

6 千人千技

所谓"鹤知夜半、寸长尺短",此处的"长"也是"专长"。

有的人尽早发现并充分发挥自己的专长而获得成功,有的人却找不到自己的看家本领以至于浑噩一生。

为了找到自己的专长,有的人绞尽脑汁想方设法,有的人观察揣摩寻寻觅觅。

无论是什么方法,只要坚韧不拔,迎难而上,相信一定能找到自己的一技之长。

——《人性的,太人性的》

7 做自己的主人

不要想当然地认为自己知道"自控力",就觉得拥有"自控力","自控"要放在日常生活中来看。

比如说:每天戒掉一件小事。如果这种程度的"放下"都让你举步维艰,那你根本没有什么自控力。在小事的"自控"尚且如此,"大事"上更是可想而知。

一个人有自控力,说明他能掌控自己,能轻松地驾驭内心盘踞的欲望,不做感情的奴隶,变成了心灵真正的主人。

——《漫游者和他的影子》

8　知其所以然才可明路

很多人翻过多本方法论，也学过成功商人和富豪的赚钱经，但依然不知道自己该怎么做。这是理所当然的。所谓"对症下药才治病，因材施教方成才"。别人的做法不一定能套用在自己身上。

其实，关键在于是否理解"目的所在"——自己做事的目的、渴求的理由、成就自我的原因、选择的初衷。如果缺乏深刻思考，抓不住核心问题，他是无法真正获得成功的。

只要清楚做事的真正目的，抓住事物的核心，一切就能迎刃而解，水到渠成。大可不必依葫芦画瓢，生搬硬套，因为目标一清二楚，只需加油赶路即可。

9　一言一行影响世界

自己的一言一行会变成他人行动、思考以及判断的诱因，甚至造成巨大的波动。任何一种行动都会受到一定的影响，无一例外。

自身行为的结果总会以某种形式与接下来的事情密切相关。就算是年湮世远的往昔，当时大大小小的事情也对现在有或多或少的关联。

任何行为和活动的结果都是生生不灭的。无论多么渺小的人，多么不起眼的动作，其影响都是存在的。从某种意义上来说，我们是绵延不绝、生生不息的。

10 先从了解自己开始

人不能对自身也含糊敷衍,口是心非。任何时候都要对自己坦诚相待,知道自己的秉性,了解自己的嗜好,熟悉自己的思维和处事方式。

如果不了解自己,就无法真正地感受到爱。无论是给予爱还是接受爱,都要充分地了解自己。连自己也不了解的人,更谈不上理解他人。

——《曙光》

11 思维与时俱进

曾经深以为然的真理，现在却成了谬论。曾经坚定不移的信仰，如今却开始动摇。

然而，你不能因此归咎于自己的年少无知、见识浅薄和不懂人情世故，而将曾经真理和信念埋葬地底。因为，在过去看来，当时的真理和信念是毋庸置疑的。对于过去的自己，那些就该是真理，就该是信仰。

人要蜕变，而且要不断地蜕变，不断地换羽新生，只不过曾经的不可或缺变成了无足轻重罢了。因此，自我批评和接受他人的批评也会刺激自身的蜕变，催生自身的更新。

——《快乐的知识》

12 客观地看待自己

大部分人都是宽以待己，严于律人。

因为人们观察自己和他人的距离不同，前者过近，只能管中窥豹，可见一斑。后者过远，隐隐约约，模糊不清。

如果能把对象的观察距离调换一下，就会发现，他人也不该受到过多的责难批评，而自己也不值得太多的包容宽恕。

——《各种意见和箴言》

13　用行动赢得信赖

现代社会,那些标榜自己信用的人反而得不到众人的信赖,因为,这些人不是孤芳自赏就是自命不凡。绝大部分人都清楚人是何等地不堪一击。

要想获得他人的信赖,要用行动说话,而不是嘴巴。在人们举步维艰、进退维谷时,只有踏实真挚的行动才能真正打动别人,赢得信赖。

——《漫游者和他的影子》

14 释义两难论

万事万物都可被释义。

万事万物本身并无好坏之分。同一件事，可冠以好坏；同一个东西，可称为行之有效或百无一用；同一个人，可形容其完美无瑕或不堪入目。反正冠名释义的是你自己。

但是，要知道从释义的那一刻起，"自己"就进入到该意义中了。简单地说，你困在"该意义"中，只会从"该意义"的角度看待事物。换句话说，释义和释义所产生的价值判断会牢牢地困住自己。然而，人如果不做释义万物，世界就会变得一团糟。由此就诞生出解读人生的两难论。

——《玩笑、欺骗与复仇》

15 献给寻找自我的人

如果你想真正地了解自我,请坦诚地问问自己以下几个问题:

你真正爱过什么?是什么曾让灵魂获得升华?是什么曾让心灵充盈喜悦?是什么让你陶醉得无法自拔?

在你找到答案时,你也会看清楚自己的本性。答案就是真正的你。

——《作为教育家的叔本华》

16 乐活的秘诀

人闷闷不乐的原因之一就是感觉自己所做的事、所造的东西对别人没有用。

所以，耄耋垂暮的老人总是郁郁寡欢。而意气风发的青春少年有时候愁眉不展，也是因为自己很难发挥专长为社会贡献力量。

因此，快乐人生的秘诀就是"助人"和"有用"。只有如此才能真正品尝到存在的意义。这种意义会带来纯粹的愉悦感。

——《人性的，太人性的》

17 渴望瞩目却被忽略

自我表现欲是指一个人只想自己出类拔萃、鹤立鸡群，只想让自己受到特别的注目礼。我们看看宴会上的众人就一清二楚了。

宴会上有各色各样的人。有的人见多识广、滔滔不绝。有的人奇装异服、标新立异。有的人八面玲珑、左右逢源，有的人自命清高，顾影自怜。每个人都在努力标榜自己的"与众不同"，这些"心思"其实毫无效果。因此每个人都认为自己才是"主角"，旁人都是"观众"，以至于宴会变成了没有观众，各演各戏的"闹剧"。

同样，人世间也是一场大宴会。有的人仗着权势，有的人拿着文凭，有的人凭借博眼泪的哀愁，努力挤向聚光灯下，但是依然没有得到关注。因为，人人多觉得旁人才是观众，于是没有人当上"主角"。

——《人性的，太人性的》

18　好奇害死猫

无论周遭发生什么大小事,都好奇地掺和一脚,结果只让自己空虚一场,或是为了填补内心的空虚,大事小事都要去看个究竟,满足好奇心。

好奇心对于发挥自我潜力确实很重要,然而,人生是短暂的,没有足够的时间让我们见识世间种种。青春年华就要认准方向,脚踏实地、心无旁骛地向前走,这种明智的做法才会让人生变得充实。

——《漂泊者和他的影子》

19 恐惧来自内心

世间的恶,有四分之三来自人内心的恐惧。因为恐惧,对经历的种种事情都感到痛苦,甚至对尚未经历的事情竟也感受莫名的恐惧和痛苦。

但是,恐惧的真面目不是别的,正是自己的心灵状态。但是你可以任意改变心灵状态,因为你才是心灵的主人。

——《曙光》

20 不"为了什么"

不管是什么好事,只要是为了某个目的才做,就显得动机不纯,品性贪婪。

因为,无论是为何人何事而做,一旦挫败,人就不自觉地把责任推向别人或其他因素。如果事成,人就理所当然地归功于自己。

直截了当地说就是一切为了自己罢了。

而当一个人做事是出于纯粹的、自觉的爱,那他绝不会想到"什么目的",也根本说不出"为了什么"。

——《查拉图斯特拉如是说》

21 不断努力

虽不见起色,依旧默默前行。这种努力并非浪费经历,无济于事。你无声的努力,看似徒劳,却着实让你一点点地更接近目标。

正所谓"不积跬步,无以至千里;不积小流,无以成江海",虽然终点暂且渺茫,但正是今日的努力在为明日的勃发积蓄力量。

——《漫游者和他的影子》

22 爱知己前先爱自己

如果一个人渴望自己能广交好友，甚至把点头之交、泛泛之辈也当作知己，并且害怕形单影只，无人相伴就心神不宁，那只能说明他现在已经岌岌可危，摇摇欲坠了。

一个人之所以企图从他人身上寻找自我，渴望通过交友获得关注，指望他人给予模糊的安全感，原因无他，唯孤独罢了。那些没有真正爱着自我的人时常受到孤独侵袭。无论你的面子多广，"好友列表"多长，都是自欺欺人。因为再多的塑料友情和"一次性朋友"都治不好孤独侵袭的伤口，都无法让你真正爱自己。

只有真正地靠自己去实现某个目标，一步一步踏踏实实朝着目标前行才能获得爱自己的能力。这个过程是痛苦的、煎熬的，也是锻炼体质、锤炼意志的必经之路。

——《查拉图斯特拉如是说》

23 安居之所在哪儿

你是否辗转各处,寻找自己的安居之地?你是否四处奔波,建造自己的安居之所?

其实,大可不必如此劳心费神。只要是自己感觉踏实安稳的地方就是适合安居之地,就可驻扎建巢。

无论是熙熙攘攘的都市,还是宁静清冷的郊外,只要你内心强大,踏实笃行,哪里都是安心之所。

——《曙光》

24 风景无限藏胸中

诚然,面对同一事物,有举一反三、融会贯通之人,也有囫囵吞枣、一知半解之人。这被我们归结为能力高低所致。

但其实智慧并非从外界事物中汲取,而是从内心产生的。当受到外界刺激时,依靠自身的悟性,挖掘出相应的潜能。

换句话说,我们与其依仗外物,倒不如充实自我。这才是提升能力的上上策,才能真正地丰富人生。

第二章

喜之篇

25　欢笑不嫌多

欢笑不设上限，哪怕多小的好事，请尽情地放声大笑吧。欢笑可以愉悦身心，提高免疫力。

不要害羞，不要忍耐，不要遮掩，放声欢笑，尽情愉悦吧，绽放笑颜吧。像孩子一样，毫无顾忌，释放心中的喜悦吧。

笑容可以赶走烦恼忧愁，笑声可以驱散厌恶憎恨。笑容和笑声还可以感染更多的人。

尽情欢笑吧。在漫漫人生路上，让笑容与喜悦尽情地绽放吧。

——《查拉图斯特拉如是说》

26 名为"满足"的奢侈

"伊壁鸠鲁主义"常常被误解为享乐主义或快乐主义。这个词汇来源于古希腊的哲学家伊壁鸠鲁的"快乐论"——人活着要追求快乐。

他追求快乐的终点就是名为"满足"的奢侈。这种"奢侈"的条件并不奢侈,只需一座小院、数株无花果树、几碟起司点心、三两好友即可。

这种简简单单的条件就能让伊壁鸠鲁生活得足够"奢侈"了。

——《漫游者和他的影子》

27 晨思

想要一天有个好开端,就要从梦乡醒来时想想今天至少做一件善事,至少带给一个人好心情。

并且,善事再微不足道都值得。请在这一天努力花心思去实现善事。

如果大家都有日行一善的好习惯,人们也会抛开自私自利之心,世界也会日臻美好。

——《人性的,太人性的》

28 各色欢喜

我们自己为之欢喜的事是否也对他人有用?

我们自己为之欢喜的事是否加重他人的懊悔与悲伤?甚至变成了嘲讽与辱没?

我们是否会由衷地为应该欢喜的事雀跃?

我们是否在幸灾乐祸?

我们的欢喜是不是复仇的快感?是不是不可一世的兴奋?是不是歧视与偏见的满足?

你可以问问自己。

——《权力意志》

29 有工作并非坏事

工作是我们生活的脊梁骨。没有脊梁骨,人就活不下去。

埋头工作让我们远离邪恶,也让我们抛弃逸想妄念。工作后的疲惫也换来了愉悦与报酬。

——《人性的,太人性的》

30 一起走下去

默默相对自是不差。

相视一笑更是甚好。

身边有人相伴,共同经历风雨,共同品味感动,共享眼泪与欢笑,共度苦短人生,人世间的快活,莫过于此。

——《人性的,太人性的》

31 快乐学习

拿学外语来说,刚刚学会一点儿皮毛的人要比已掌握外语、对话流利的人更加享受用外语交流的机会。

这种享受通常只有刚刚接触,兴趣正浓之时才会出现。不只是学外语,任何兴趣爱好的开头都让人乐在其中,无法自拔。

也正因如此,人才会学习新事物。即使不再是顽童,也依然可以通过"玩乐之心"成为某方面的达人高手。

——《人性的,太人性的》

32 悦人会悦己

让人开心,自己也会跟着开心。

哪怕再小的事情,博人一笑,我们也会手舞足蹈,心花怒放。

——《曙光》

33 内心常喜 事事顺意

你要机敏聪颖,且内心常喜。

最好也能贤明睿智。同时,心中长存欢悦。

这是人生的无价之宝。

——《漫游者和他的影子》

34 尽享当下

郁闷并非善事。即便心有忧思,也可暂且放下,尽情享受当下。

如果有家人闷闷不乐,有人愁眉苦脸,哪怕只有一个人,整个家就变得乌云密布,阴暗惨淡。这个人所在的小团体或是工作的场所也不例外。

我们尽量幸福生活吧。把忧愁放下,享受现在。用发自内心的真挚笑容,尽情地享受幸福瞬间吧。

——《快乐的知识》

35 宁静致远才能独具慧眼

境界越高尚，体魄越强健的人越不会露出诡异古怪的笑容，不会发出粗鄙刺耳的笑声。他不再轻浮放纵地大笑，而是含喜微笑。

因为在生活中那些细微的、不易察觉的乐趣都让他欣喜不已。在寂寞的人生路上，越是能发现这些琐碎乐趣，渺小惊喜的人，越能获得细腻的感情和敏锐的感觉。

——《漫游者和他的影子》

读书笔记

第三章

生之篇

36 迈步才能前进

万事开头难。但是不开头,一切无从谈起。

——《人性的,太人性的》

37 精彩人生 精彩之旅

有人觉得在陌生的地方漫无目的地走完行程就是旅行，也有人觉得逛街购物后返程就是旅行。

在旅途中，有的旅人享受着别样的风土人情，有的旅人寻觅着意外邂逅与新鲜体验，而有的旅人则将他乡的风景与体验变成了自己工作和生活的新的调味料。

人生旅途也可如此。如果只把生活中大大小小的体验与见闻当作"临时纪念品"而束之高阁，抛之脑后，那么人生就是日复一日地千篇一律，毫无乐趣。

所以，今日的种种体验都可从明日起灵活适用，不断地吐故纳新，汲取新事物，才能让人生变成精彩的旅途。

——《漫游者和他的影子》

38 选择向阳之物

凡是美好的事物都为我们的生命注入活力，激发生机。

有的好书即使描写死亡也能催化生命力，而有的烂书即使刻画生命，也会扭曲生命。

无论是言语还是行动，向阳向生的都是美好事物。同时，勃勃生机也会积极影响周围环境。因此，你选择阳光与美好，就感染着他人，传递着更多的阳光与美好。

——《漫游者和他的影子》

39　轻装攀高峰

人生朝露,浮生若寄。或许下一刻死亡降临也不可知,因此,我们要成就自我,唯有抓住当下一刻。

当下一刻,转瞬即逝。要想在有限的时间里做出成绩就要抛掉累赘,摒除杂念。大可不必为舍弃而苦恼。因此,当人专心致志,心无旁骛投入工作时,那些无用之物会自然而然地离你而去,犹如暮秋时分的缤纷落叶一般。

摆脱杂念累赘,才能轻装上阵,朝着峰顶,加快攀登的步伐。

——《快乐的知识》

40 无悔人生

如果重启人生,即使再复制一遍今生也心甘情愿,这才叫无悔。请走这样的人生。

——《查拉图斯特拉如是说》

41 当机立断才能获得认同

要想获得众人的认同,影响他人的方向和看法,说话要刚毅果决,当机立断。

不可引经据典、喋喋不休来证明自己的判断。否则只会让人心存疑虑,动摇信任。

要想获得他人认同,首先要明确论点、刚毅果决。

——《各种意见与箴言》

42 想当一天和尚撞一天钟

你是否想平庸安逸地度过此生?
人云亦云,随波逐流即可。
做一棵随风倒的墙头草即可。

——《权力意志》

43 蜕皮新生

蛇不蜕皮就会死,人也不例外。

陈腐思维的烂皮不褪去,滋生的病菌就从皮肤感染骨骼、肌肉,何止是妨碍个人健康,甚至会致命。

只有不断地新陈代谢,与时俱进,才能收获崭新的一天。

44 工作的馈赠

我们一心扑在工作上,就再无精力想其他杂事。从这个意义上来说,有工作是一件大好事。

假如人生遭遇难处,生活有了烦恼,那我们可以埋头工作,心无旁骛,暂时远离现实的压力和忧虑。

难过时,工作就是避风港。拼命战斗,遍体鳞伤也不一定换来转机起色。脆弱的心灵承受不住太多的忧愁。而专心投入工作,避开生活的烦恼,一定能等到雨过天晴。

——《人性的,太人性的》

45　计划要在实践中完善

做计划总让人不亦乐乎，油生快意。长假旅行的日程安排、理想之家的设计构想、项目成功的步骤节奏甚至整个人生的生涯规划，每一种计划都充满梦想和希望的芬芳，都让人兴奋不已，雀跃不停。

但是多么愉快的计划也是纸上谈兵。只要活着，就要不停地践行自己的计划，否则就只会成为旁人计划中的陪衬罢了。

在践行计划的途中，不可避免地要遭遇障碍、挫折，会愤愤不平，会落空希望。或是一一克服继续前行，或是半途而废，原路折返。二者择其一。

计划不能万无一失，完美无缺，因此我们可以边践行边完善计划。只有这样，才能在享受人生旅途的同时完成人生计划。

——《各种意见与箴言》

46 珍爱生活

我们常常忽视一些习以为常的东西，比如对日常的吃穿住并不太讲究。更有甚者认为"吃饭是为了维持生命，生孩子是情欲使然"。这样的人觉得生活的绝大部分是堕落腐烂的，并没有什么高尚可言。

但是，衣食住是人生坚固的基台，难道不该用更为真切的眼睛看待它吗？难道不该多思考，多反省，不断地提升生活品质，用智慧和艺术的感性来对待生活吗？

衣食住维持了我们的基本生活，也让人远离浮华，踏实地走在路上。

——《漫游者和他的影子》

47 培养孩子卫生洁净的生活观

从小就要培养孩子讲卫生爱清洁的观念,因为勤洗手可以远离污染和疾病,保持身体健康。

另外,讲卫生爱清洁的观念也会逐渐深入内心,影响个人精神。比如说孩子会将偷窃等恶行视为"污物",同时他也会注重社会道德,处事待人张弛有度、心地纯洁朴实、秉性良善。

这种爱清洁的观念变成习惯后就成了"洁癖"。而这种"洁癖"会吸引幸福的点点滴滴,也会给人生带来更多的契机。

——《漫游者和他的影子》

48 设计你的生活

想过上舒适美好的生活，就要向专业的艺术家取经。比如说画家很注重物品摆放的位置。有时候位置距离较远，有时候侧目才能看见，有时候还要借助夕阳反射，有的时候为了效果还要看影子。

我们也会如此设计生活环境。比如做室内设计时，家具的配置摆放要多考虑整个房屋的舒适度，而不是只顾家具使用的方便度。否则横七竖八的家具和杂乱无章的布局会破坏房屋的功能和影响日常生活。

同样，生活中的诸多事情和人际关系最好能按照自我的喜好和舒适度进行安排和经营。

——《快乐的知识》

49 不受占有欲支配

占有欲不是恶。对于人来说,占有欲驱使我们去工作换取报酬,不仅可以丰衣足食,甚至获得社会地位和自由。

花钱获益理所当然。但是占有欲过剩,人反而变成了金钱的奴隶。为了得到更多的报酬,把所有的时间和精力花在赚钱上,即使精疲力尽,占有欲也丝毫不会给我们松绑。

占有欲的奴隶完全失去了自由。除了金钱一无所有。以前丰盈的心灵、幸福的追求、崇高的理想都已遗忘,只剩下贫瘠的精神荒原。因此,人在追求金钱报酬时,也要把握尺度,切勿被占有欲控制。

——《漫游者和他的影子》

50 走太快会错失人生好风景

一个人去登山。他总是步履不停地朝前走,虽说满头大汗,气喘吁吁,眼中只有登山。即使途中处处风景如画,他也从不停留,心中只有远处一个接着一个的山顶。无论是旅行还是工作,他总是默不作声地沉浸其中,把周遭抛到脑后。这种死板愚笨的事情屡见不鲜。

比如,在工作上,这种人会紧盯着销售额的高低,错以为其他都不存在,眼里只有营业目标。但是这样就失去了工作的意义。

这样的视野狭窄、思维受限的愚笨行为总是反反复复,得不到改善。这些人做事常常举轻若重,万事只讲究理性效率,甚至觉得人之常情是种浪费徒劳。他们的人生旅途常常错过了众多风景,到头来后悔不迭。

——《漫游者和他的影子》

51 因为人终有一死

生的终点是死亡,那就让生如夏花般绚烂。
死会不期而至,那就全力以赴,不遗余力。
人生朝露,昙花一现,那就把握当下,奋力一搏。
让戏子为过往后悔不迭,为明日提心吊胆吧!

——《权力意志》

52 身而为人的宿命

在有限的生命中,人凭着种种经历和体验来评价人生——或苦短或漫长,或富足或贫瘠,或充实或空虚。

然而,如同眼睛看不到全部的远方,现实的躯壳也体会不到全部的经历,脚也走不完全部的路,耳朵也听不到全部的声音,手也摸不到全部的物体。因此,人口中的大小、软硬都是妄言武断。不只如此,还对其他生物指手画脚,评头论足。人没有意识到自身的限度,固执相信自我定论,这是身而为人的、大小不一的宿命。

——《曙光》

读书笔记

第四章

心之篇

53 "大题小做"举重若轻

除了那些需要想象力创造力的事情，即使在日常工作中，带着轻松的心态面对各种事项，也会处理得游刃有余。轻盈之心是自由的、舒展的、挣脱束缚的，从不拖泥带水，犹豫不决。

人们渴望永葆这颗与生俱来的轻盈之心，渴望从容不迫、得心应手地处理各种问题。

如果你发现自己没有这样的轻盈之心，就该多汲取知识，多接触艺术。在知识和艺术的熏染下，我们的心也会渐渐轻盈起来。

——《人性的，太人性的》

54 有心光,才有希望

如果一个人没有体会过光芒与灼热,即便有希望,他也丝毫感受不到。他看不见希望之光,听不见希望之音。

——《快乐的知识》

55 风景的力量

埋首碌碌地生活和工作,能偶然抬头回望或是远眺是尤为重要的。群山绵延不绝,树木森然,极目处天地一线,这种亘古不变的风景与线条能抚慰人心。

因为,这种司空见惯的风景带着一种让人沉浸、充实的力量,这种力量让人释怀宁神,让人感到深深的信赖。

人本能地感受到这种力量,或是常常凝望窗外风景,或是在郊外建别院,亲近自然。

——《人性的,太人性的》

56 书写自我历史

我们常觉得"历史"远离日常生活,跟自己并无太大关系,认为历史只藏在图书馆的旧书本中。

但是我们每一个人都有自己的历史,那就是每一天我们走过的日子。这一天我们做过什么,如何做的,都书写成历史的一页。

这一天过得是战战兢兢、畏首畏尾,还是懒懒散散、得过且过?是披荆斩棘、迎难而上,还是精益求精、蒸蒸日上?每一种过法都书写着自己的历史篇章。

——《快乐的知识》

57 或改变看法，或反其道行之

当你不断探索、追寻依然未能如愿，自己却精疲力尽时，那就改变一下看法。

当你无论做什么，都遭到迎面刮风，举步维艰时，那不妨扬起高高的风帆，不管风来自何方，都能为我所用。

——《玩笑、欺骗与复仇》

58 改变内心的生活习惯

不起眼的坏习惯多次反复就会变成慢性病。

同样,心灵的小习惯多次反复也会给灵魂带来健康或疾病。

比如说你每天向周边的人吐十次冷言冷语,那就从今天开始让周围的人来十次喜笑颜开。

这样不仅能治愈自己的灵魂,还能给周围人的内心与状态带来转机。

——《曙光》

59 平等的欲望

总是把"平等"挂在嘴边的人，多半怀着以下两种欲望的某一种：

一种是把他人也拉低到自己的水平。

另一种是把他人和自己都拉高到一定水平。

因此，我们看清楚这些人的"平等"是哪一种。

——《人性的，太人性的》

60 优点之下

我们身边有这种人,他们常常谦和客气,尽量低调谨慎,小心翼翼地怕引人不快。

看起来,他们是想人所想急人所急,不偏不倚,做事有分寸的人。

但实际上,一个胆小如鼠、做事畏首畏尾的人也有如此表现。

因此,凡事不能被表面的华丽蒙蔽双眼,要明察秋毫,看清本质。

——《人性的,太人性的》

61 胜利绝非偶然

没有一位成功者心存侥幸,相信偶然。

即便他们嘴上说歪打正着无心插柳,那也是出于谦逊。

——《快乐的知识》

62　畏首畏尾只会失败

如果认定山穷水尽、穷途末路，即使有柳暗花明的转机，也会消失不见。

如果总是杞人忧天、庸人自扰，即使身处安居之地，也没有了安全感。

如果断定四面楚歌、万劫不复，那就真的一脚踏进了鬼门关。

面对状况，总是六神无主、惊慌失措，本该想到的谋略计划反而模糊不清。

总之，在突发状况或困难险境中，畏首畏尾、瞻前顾后就会失败甚至致命。

你不是输给了过于强大的对手，也不是输给了前所未有的困局，不是输给了异常糟糕的状况，也不是输给了没有逆风翻盘的条件。

你输给了自己。当内心犹豫不决，做事瞻前顾后，畏首畏尾时，是自己选择了那条毁灭和失败的路。

——《玩笑、欺骗与复仇》

63 相由心生

喜欢标新立异、热衷夸夸其谈的人都有虚荣心，因为他们想借此显示自己的面子、力量和特别之处，想引人注目。实际上精神空虚，没有丝毫内涵可言。

对小事敏感细腻的人常给他人一种体贴入微、心细如发的印象，实际上他们的内心却存有对失败的恐惧心。他们时常认为如果事情不在自己的掌控中，旁人横插一脚就有失败的危险，有时候也会因此贬低轻视他人。

——《人性的，太人性的》

64　看不见本质

很多人看不见事物事件本身。

他们看见的是爬满事物周身的自以为是与固执己见。他们看见的是围绕事件的自我情绪与假想。

换句话说，是"自己"挡住了看清本质的视线。

——《曙光》

65 反方的心理

很少有人是仔细推敲琢磨后,带着真凭实据去反对现有提案的。

大部分人反对的不是提案本身,而是对提案人说话的态度、语气,甚至是对他的性格或现场环境有意见才反对的。

只要明白这一点,就自然知晓如何才能与其化敌为友、反败为胜了。

除了表现方法、信服力以及表达技巧等技术层面讲究外,还有提案人的性格、面貌、人品、处事态度等非技术层面的东西也很重要。

——《人性的,太人性的》

66 永远的敌人

你仔细想想,真的要杀死敌人吗?
真的要埋葬对手吗?
然而,你是否认真思考过:杀死对手是否会让对手永存于心?

——《曙光》

67　虚荣心的狡猾

人所谓的颜面,即虚荣心,是非常复杂的。

比如说一个人承认了自己的恶习怪癖,看似开诚布公,真心实意,有时候却是把"自爆"当幌子,掩盖更见不得光的事情。

这也是虚荣心在作祟,而且,这种人通常会看人下菜,不同的对象用不同的说辞。

但你知道这些后,再客观地观察他人或自我,就会对一些羞耻的不可告人的或是企图卖弄的地方一清二楚了。

——《人性的,太人性的》

68 灵魂偏爱高贵奢华之水

人热衷奢华的嗜好并不出于什么自惭形秽或是自命不凡。

人之所以渴望华而不实,沉迷于大而不当,是因为奢华是灵魂最偏爱的畅游之所。

——《曙光》

69 喜新厌旧是源于停滞不前

越是千方百计也难到手的东西，越能勾起人的欲求。但是，一旦到手了，过不了多久，就会生厌腻味。无论物件还是人皆是如此。

得手后就习以为常，慢慢地相看生厌。这种"厌"其实是厌恶自我罢了。入手后竟一成不变，才让人生厌。自己的内心毫无涟漪波澜，才觉得厌烦。越是成长倦怠，发展停滞的人越容易喜新厌旧。

相反，那些生机勃勃、茁壮成长的人，他们身心在不断发展变化，因此面对同一种事物，也绝不会厌烦。

——《快乐的知识》

70　思维活跃才会感到无趣

懒汉不会感到无聊。只有感情细腻、思维活跃的人才会在意外的时光中感到百无聊赖、兴趣索然。

——《漫游者和他的影子》

71 疲惫时不要思考 无须动脑

当你反应愈加迟钝、思维不如从前敏锐时，就说明你已经累了。

人一旦疲惫，就会唉声叹气，会满腹牢骚，会后悔不迭，会思维僵固，不久，人的脸上会愁云惨淡，脑中会阴霾密布。

如此下去对健康百害无一利。因此，当你感到疲惫时，就要停止思考，最好能及时休息睡觉，为明天的重整旗鼓积蓄能量。

72 不同思维方式带来的不同感受

我们以为内心的喜悦或悲伤都来自外部世界的影响,实际上是自我思维方式的作用结果。

比如说做完一件事,我们有时会后悔"自己本应该不那么做的",有时也会庆幸"多亏自己当时那么做了"。

之所以这么想,是因为我们认为自己做事有两种选择,也就是说我们有选择的自由——这是这种思维方式的前提。

实际上,如果不考虑这种自由,面对既成事实,我们也绝不会有什么后悔或庆幸的感觉。

——《漫游者和他的影子》

73 自由带来聪慧

当一个人追求自由，渴望多角度看待事物，想最大限度地发挥能力和展现个性时，他会获得很多力量和优势。

首先，他会下意识地避开自己的弱点，不会走歪门邪道，因为这些都会影响他自由自在看问题的角度。同时他也会谦逊温和，不再怒气冲冲，咬牙切齿。

相由心生，他之所以给别人一种聪慧机敏，犹如春风拂面的印象，是因为他高尚的精神和纯洁的心灵。

——《善恶的彼岸》

74 捕获精神自由

想活得自由,就要约束自我感情,切勿撒泼耍赖。

一旦解开了"情感"身上的缰绳,这匹野马甚至会冲撞主人,抑或是载着主人朝"偏见"一路狂奔不止,最后只会让我们自己走投无路、精疲力尽。

尤其是精神自由、思维多变的人,一直在践行着这个道理。

——《善恶的彼岸》

第五章

友之篇

75 交友之道

交友是为了"同甘",不是为了"共苦"。
如此才能觅得好友知己。
但是嫉妒与自恋只会让人退避三舍,绕道而行。

——《人性的,太人性的》

76 友人对话

我们要多与友人交流，海阔天空，无所不谈。当然，谈的不是什么流言八卦，而是自己相信的具体事情。借着这种推心置腹的机会，自己也能理清楚心中所想。

另外，身为你的好友，自然身上有你值得敬仰和崇拜的品格。作为彼此的知己好友，相互交流扶持，是人生一笔宝贵的财富。

——《查拉图斯特拉如是说》

77 人有四德

诚实对待自己和好友的品德。
勇敢面对敌人的品德。
对失败者宽厚仁爱的品德。
处事待人谦恭有礼的品德。

——《曙光》

78 成为挚友之后

彼此变成挚友后,就要保持以下关系。

尊重自己,更尊重好友。爱自己甚于爱好友。

与好友相处,至少要亲密和灵活。但是亲密要有"间",有分寸。

虽意气相投,志同道合,但依然要保持个性。

——《各种意见与箴言》

79 彼此信任无须形影不离

如果一个人总想表现自己与对方有多亲密,总想在各种事情上刻意显示与对方的亲密感,或是一刻不停地联系对方。可以说,他对自己是否获得了对方的信赖毫无自信心。

如果彼此信赖,无须表现得过度亲密。甚至很多时候,旁人觉得两人之间平淡如水。

——《人性的,太人性的》

80　有效社交促成长

年轻人之所以不可一世自命不凡，是因为他们与同类为伍，一无所长却总带着高人一等的大人物模样。

年轻人沉溺在自我制造的幻象中不能自拔，虚度青春年华，岂不让人扼腕。要趁着年轻，尽早地结识那些凭着真才实学，功勋业绩成就现在的人士，并向他们请教取经。

在这些人的熏陶下，年轻人才会摆脱自我满足的虚象，抛掉自命不凡和故作潇洒，不再被华美的外表迷惑，一改以前的狂妄自大，才能真正看清楚当下自己的使命。

——《人性的，太人性的》

81 不讲分寸的人不可交

有些人觉得只要关系拉近，插手他人私事也无所谓。这种人不可深交。他们虽嘴上说是"以亲人相待"，内心只想指使或操控他人。

彼此以友相待，也不能"亲密无间"，也要有分寸、礼貌。否则只会破坏友谊的小船。

——《漫游者和他的影子》

82 必要的钝感力

做人没必要总是敏感细腻、小心谨慎，特别是与人来往时。即便是看清对方言行举止的初衷，也要适时地装糊涂。

另外，要从积极的一面理解对方的言辞。

要珍视对方，却不要让过度珍视让对方察觉，要比对方更会装糊涂。

这是社交的秘诀，也是一个对他人的慰藉。

——《人性的，太人性的》

83 同类相吸

人一般会称赞类似自己的人,而称赞自己的人一般也与自己相似。

如果互为异类,很难做到相互理解,也不懂彼此的好坏。当同类受到称赞,就感觉自己也获得了认可。

人有各个不同的阶段。在每个阶段,人们用不同的理解和称赞方式以及迂回的手段进行相互认可,以达到自我认同。

——《快乐的知识》

84 友谊带来的良缘

孩子的人际关系始于友情,而不是做生意,出于利害关系或是谈恋爱。在一起玩耍或争吵,相互安慰或竞争,又彼此担心牵挂,在共同的时间里建立了友情,成为好友。即使距离再远,也依然是朋友。

建立并保持友谊是非常重要的,因为友情是其他人际关系的基础。

而且,友情也是保持美好婚姻的基础。虽然婚姻中的男女是特殊的人际关系,但培养友情的社交本领也是不可或缺的。

所以,婚姻生活是否美好全看环境和另一半好不好——这种看法其实是一种推卸责任的错误认识。

——《人性的,太人性的》

第六章

世之篇

85 摆脱世俗 活出自我

我们活在人世,更要超脱人世。

如何超脱?首先就不能被感情牵着鼻子走,也就是要克制情绪,轻松驾驭自己的"情感"。

这样才能保持自我,坚定信念,摆脱随波逐流、人云亦云的命运,免于被时代和世俗洪流吞没。

——《善恶的彼岸》

86　因循守旧 腐蚀人心

物以类聚，人以群分。当一个团队的成员思维相似，彼此认同，一片和谐景象时，这个团队很可能形成一种安稳舒服的封闭空间，不再会产生任何创意或创新。

而且，如果团队的元老一味地招募或提拔那些与自己意见相似的年轻人，只会害了年轻人，害了团队。

这些元老为了维持目前的稳定和安乐，害怕反对意见，抵触与其相悖的创意，这种故步自封、因循守旧的观念只会腐蚀年轻人的心灵，从内部瓦解核心，最终加速了团队的衰落和灭亡。

——《曙光》

87 无须讨好所有人

如果被人敬而远之，避之不及，你再怎么殷勤热忱也换不来他的笑脸，甚至还被曲解成前恭后倨，口是心非。

众口难调是事实，以平常心处事待人才是上策。

——《人性的，太人性的》

88 有自己的主张

想要一条鲜鱼，就必须亲自出门，亲自钓鱼。同样，想有自己的主张，就必须开动脑筋，深入思考，最后组织成语言。

亲自钓的鲜鱼肯定比死鱼美味。自己深思熟虑的意见肯定比拾人牙慧的好。总觉得动脑子麻烦的人会不惜花钱买筐子里的死鱼——从前别人的意见。

他们把别人的意见当作自己的信念。这种信念是僵化的，过时的，一成不变的。可悲的是，这种人还不少见。

——《漫游者和他的影子》

89 不被外表迷惑

总是正言厉色、道貌凛然的人不一定是正人君子。

他也许只是屈从于道德罢了,没有对道德的真正态度,只是维护自我体面罢了。

也或许是自命清高吧,可能还会在无能为力时抛开道德。也或许为了免遭麻烦而表现得一本正经吧。

换句话说,我们不能断定道德行为本身是有道德的。总之,仅凭道德行为是无法判断道德的真假的。

——《曙光》

90 伤人会伤己

那些喜欢一味指责和厉声厉色数落他人的人,会在检举揭发的同时也不自觉地暴露出自己的本性。

因为,相对于被指责的一方,数落别人的一方在旁人的眼中简直品性卑劣,道德败坏。这些尖酸刻薄、言辞激烈的告发人常常遭到周围人的厌恶。

——《曙光》

91 不必为小事苦恼

热对冷、明对暗、大对小等都是说反义概念的文字游戏，不要与现实世界混淆。

比如说，"热"与"冷"并非绝对相反的。这两个形容词只是针对某一现象通俗地表达感觉上的不同而已。

如果把这种相对概念直接拖到现实中去，就会错以为小麻烦变成了千辛万苦，小变化变成了苦不堪言，小距离变成了天涯海角、割席断交。

很多人的烦恼就来自这种小题大做，大惊小怪。

——《漫游者和他的影子》

92 切勿人云亦云

人们往往会含糊敷衍一些结构原理极为清晰的事物，反而很关注重视那些解释不清的、模糊的、不甚明了的事物。

但其实，重要不重要并不是由这种心理倾向所影响的判断来决定的。因此，我们要不受他人情绪的干扰，思维清晰地做出重要度的判断。

——《人性的，太人性的》

93 获得认可的依据

有三种情况可获得他人的认可。

第一个是毫不知情；第二个是约定俗成；第三个是既成事实。

在这三种情况下，人们判断的基准就不再是善恶、利害以及有无正当理由了。

很多人也因此会认同旧例、传统或政治。

——《曙光》

94 人的两种统治

统治分为两种。

一种是受欲望驱使的统治,一种是为免受制约的统治。

——《曙光》

95　倾听逆耳忠言

菌类生物会在阴暗潮湿、通风不良的地方滋生繁殖。

同样，团体或队伍也会出现这种情况。尤其是顽固闭塞的组织内部，听不到不接受外部的意见建议，肯定会滋生腐败或堕落，甚至逐渐蚕食整个组织。

意见或者建议绝非出于什么疑神疑鬼或是心怀叵测。意见或建议就是别处凉风，吹在脸上确实凛冽，却能保持环境干燥，预防毒菌类繁殖。因此我们要多听听他人的意见或建议。

——《人性的，太人性的》

96 超越集体的人

那些格局宏大、高瞻远瞩且深思熟虑的人并不适合待在集体或党派内部。因为他们不假时日就会跨越小集体或党派的利害关系,从更深远的视野和更广阔的角度思考问题。

会给人的思维方法加上各种条条框框的集体或党派有点像橡子堆或杂鱼群——大同小异,彼此彼此。

因此,不要因思维方式与集体不一致而觉得自身有问题。其实你已经超越了集体党派的狭隘世界,到达了更广阔的层次和境界。

——《人性的,太人性的》

97 规则带来的众多改变

规则的建立是为了建立秩序，防止意外发生，或是避免危机，提高效率。

有了规则后，又会出现新状况。当然，这种新状况与规则立定前的状况迥然不同。

而且，即便是废掉现有规则，也不会回到没有规则的局面。规则改变环境也改变人心。

——《漫游者和他的影子》

98 料理与力量

宴会上的菜肴总是分量足、种类多。这么做不是为了营养丰富,而是给客人留有好印象。

这种印象就是力量、名誉、威严、优越感和权势的印象。

一般场合下,这些印象来自金钱,而在餐桌上,则就来自菜肴。

——《曙光》

99 恶人不自爱

世间的恶人都有个共同之处——自我厌恶。

因为自我厌恶，就为非作歹，用坏事来伤害惩戒自我，所以，他们在通往毁灭的路上与自爱渐行渐远。

不仅如此，恶人的自我厌恶与报复自我的心理还会连累旁人。就像有赌瘾的人，他的亲朋好友并不好过。

因此，面对恶人的不幸，我们不能袖手旁观地咒一句"自作孽不可活"，最好能帮他们一把，让他们从"自暴自弃"变成"自尊自爱"。如果任由其自生自灭，只会让恶越来越放肆猖獗。

——《曙光》

100 袭击者的内心

很多时候,袭击者并不是因为本性凶残或出于教训折磨的目的才出手的,而是因为他们想知道自己的力量是什么,想了解自我力量的影响大小。当然了,也有的袭击是为洗白。

这里说的袭击者可以是个人,也可以是国家。

——《人性的,太人性的》

101 利己解释

有句谚语常说"远亲不如近邻"。

但是很多人与自己的邻居走得不近,反而与邻居的邻居或是远亲来往甚多。

因为他们觉得邻居太吵,不招人喜爱——"反正爱远亲也等于爱近邻"。

人们解释问题总是向着自己的。这也是不管大道理讲得再多,实干的却很少的原因。

——《善恶的彼岸》

102 老狐狸

葡萄架上硕果累累。

有只狐狸来到葡萄架下想一饱口福。但是葡萄枝太高,它怎么跳都摘不到。最后,狐狸只好悻悻地说"这里的葡萄一定酸得倒牙",灰溜溜地走了。

这是伊索寓言里的故事,常用来讽刺人的"酸葡萄心理"。

但现实生活中,有些人比身为狡猾代言人的狐狸还心机重。他们明明摘到了好些葡萄,而且比他人要早得多,却故意嚷嚷着"葡萄不甜,酸得不能吃"。

——《漫游者和他的影子》

103 利字当头的假老师

我们中间有不少道貌岸然、好为人师的人。他们总是把各种普世大道理挂在嘴边——怎么做才能获利,做什么判断不会受损,如何与人打交道,怎么才会拓展人脉,什么事情该怎么办,等等。

仔细想想,这些"老师"的话无一不是利字当头,从来没有讲过有关人性或对事物本身的看法。

人生的本质都不了解的人,稀里糊涂地活着还有什么意义?

——《权力意志》

104　危险骤临

遭遇车撞概率最高的时候正是你巧妙躲过第一辆车后。

同样道理，无论是生活还是工作，出状况出问题概率最高的时候正是解决完一个事情，安下心来，放松警惕的时候。

——《人性的，太人性的》

105 快活在何处

那些热衷吃喝嫖赌、胡作非为的人并非生性浪荡、沉溺玩乐的。他们反而是觉得自己不快活，才去追求所谓的快活。

但是，没有哪种快活能满足他们，于是他们更是肆无忌惮，为所欲为，对快活的渴望更是绵延不绝，愈加强烈。

那些早已从工作事业中获得了愉悦感的人，即使尝试一下这些犹如饮鸩止渴的快活事，也丝毫不会感到任何满足。

——《各种意见与箴言》

106 小心政客

有些人总想通过身边的贤人名人来凸显自己。我们要小心这种居心叵测之人,比如说政客就是其中一种。

政客总喜欢身边围绕着精明能干的贤人、声名远播的高人或名人,并让他们参谋自己的工作。这么做不是为了从政,而是想掩饰政客的虚名,也就是利用他人,实现自己的主角梦。

——《快乐的知识》

107 礼品要恰当

送的礼过于贵重,反而得不到感谢。因为对方会无所适从,如坐针毡。

送礼如表心意。"心意"太沉,只会吓退人。

——《人性的,非人性的》

108 虚假的判断

言出必行——是众人口中正人君子的高尚作风,也体现出男人的果敢和决断。人们总觉得一个言出必行的人品行端正,意志坚定。

但是,我们可以仔细想想:说出去的话一定要执行,这难道不是另一种意义上的顽固、冲动和执拗吗?这背后很可能是逞强或虚荣心在作祟。

我们应该从更为理性的角度看待问题,才来选择做不做某事,而不是交给口舌下的冲动。

——《曙光》

109 滴水恩，涌泉报

所谓的滴水之恩涌泉相报。用更多的报酬来回报他人以前的赠予。多出来的部分算作利息，也能换来恩人的赏识。同时恩人也会觉得以前潦倒的人居然有能力还债，还带有巨额"利息"，他们也打心底里为你高兴。

如今的还债人以前不得不接受他人施舍，但他现在也会靠多出来的"利息"重新买回来以前的"自尊心"。因此，还债报恩的人也会更舒心。

——《漫游者和他的影子》

110 受骗者的悲伤

当你欺骗他人时,他人就是悲伤不已。

他的悲伤不是因为损失了财物,而是丢失了对你的信任。

越是对你推心置腹、备加信赖的人,遭到背叛后,就越是伤得深,伤得痛。

——《善恶的彼岸》

111 掌权者的本质

那些组织头目或如今时代的大佬或掌权者,他们并非有什么实际的力量,他们所谓的权势是大众眼中的幻象。

之所以幻象不消失,是因为权势作用人心。那个位置上的人并没有什么特别,与众人无异。也有一些当权者隐约地意识到了这一点。真正有智慧的人早已清楚"当权者也是凡夫俗子罢了"。但是很多人依然看得见幻象,活在幻象里面。

——《各种意见或箴言》

读书笔记

第七章

人之篇

112 沟通技巧

与人沟通需要技巧。

比如说,当你准备告诉对方某件新事件或让他惊讶的事,这时候要不动声色地当作一件众所周知的旧事告诉他,一般来说对方会轻松地接受。

否则,对方生出一种"是自己孤陋寡闻了"的羞愧感,进而变成愠怒,而无法接受你本应告知的内容。

这个技巧运用关乎沟通的质量,甚至在协作项目上,关乎成败。

——《曙光》

113　不管旁人闲事

对待他人,不指手画脚,不评头论足,不飞短流长。
不总是管旁人闲事,说长道短。
尽可能地减少对他人的想象或遐思。
这是个好人的标准之一。

——《曙光》

114 不要歧视人的兽性

人们通常认为人性和兽性是水火不容、正好相反的，但是人也是大自然的产物，也属于大自然的一环。

因此，人身上的兽性本不应该受到歧视。有的人强调"人有社会性""人比野兽高级"，但是兽性也是属于人性的一面，并没有歪曲人性，也不应该以此为耻。

每个人身上都有自然属性，理所当然拥有兽性。

——《快乐的知识》

115 两种人

当他们受到盛赞时,
一种人会觉得非常难为情,
另一种人则会愈加地放肆起来。

——《曙光》

116 伟人亦有古怪

并没有任何证据证明众人口中的伟人也是个品行端正的正人君子。

或许有的伟人只是乳臭未干、羽翼未丰的黄毛小子,做出丰功伟绩。

抑或是为变色龙式的人,这个变幻自如的人随着时代潮流和年龄增长不断改变自身色彩,做出来领先时代的不世之功。

再或是着了魔法的少女,永远活在无止境的虚幻梦乡,才显得如此特立独行、与众不同。

——《快乐的知识》

117　真正有创造力的人

那些热衷用奇葩装束或行为吸引众人眼球的人并没有什么创造力，他们只是爱热度流量罢了。别出心裁、独具匠心的人有个重要特征——有眼光、会起名。他们能从司空见惯或鲜为人知的事物中挖掘出亮点，甚至冠上新名称。

新事物只有有了名字，才会被大众认识，才变成世界的一分子。

——《快乐的知识》

118 领袖魅力的技巧

想成为他人眼中拥有领袖魅力、底蕴深厚的人,只须让自己显得高深莫测即可,让人犹如雾里看花,不可捉摸就行。

因为很多人对未知的事物感到神秘感或深邃性,所以人们面对自然界中的浑浊不见底的湖泊或沼泽地,就以为水底深不可测,恐惧感也油然而生。人们对领袖人物的恐惧心理也同样如此。

——《快乐的知识》

119 仅有经历还不够

经历很重要，人们通过各种经历才能获得成长。但是，经历很多不代表成绩突出。

如果经历之后没有反省思考，经历也变不成经验。不管何种经历，如果事后不去深入思考，只会落得一知半解，重蹈覆辙，就像吃东西没有细嚼慢咽，最后变成反复腹泻一样。换句话说就是，从经历中没学到任何经验和本领。

——《漫游者和他的影子》

120　胜就要大胜全胜

在比赛中,险胜显得赢得侥幸。既然赢就要彻底地赢,把对方打得落花流水、一败涂地。

只有这样,对手才不会自责自己仅有的疏忽大意,会心甘情愿地服输投降,会利索干脆地祝贺胜利者。

那些让对手心有不甘的险胜、让人一时语塞的胜利、让人扼腕抱憾的胜利,并不是什么善举。

这也是胜利者该讲究的礼仪。

——《人性的,太人性的》

121　了解自身的弱点和短板

　　成功的人似乎在各个方面都实力强大，同样被幸运之神眷顾，而且思维敏捷、行动高效，在很多事情上比一般人都方法得当、手段高明。但是，这些人也有缺点和短板。

　　他们非但没有隐藏自身的弱点或短板，反而将其包装成另一种特别的强项。在这一点上，他们要比一般人谋划得深。

　　之所以可以如此伪装，是因为他们对自己的弱点或短板一清二楚。一般人对自身的弱点总是视而不见，他们却能正视弱点，理解短板，并能变废为宝，转为己用。这就是普通人与他们的差距。

——《漫游者和他的影子》

122 承诺的背后

承诺并不仅是个体之间的契约,承诺背后才是它的核心。

比如说,生活中两人约定"明天五点见",这并不仅仅指的是事务性的碰头会。

里面承诺着这两人的亲密关系、相互慰藉与信赖以及今后的羁绊、对彼此的关爱等等,也可以说是人的誓言。

——《曙光》

123 不随便决定事情的重要性

人很怪,总是给做的事评个大小轻重——"干了件大事""只会些零碎小事"等。

更怪的是人还会为没做的事后悔,而且真的认为这是大事。总是后悔自己当初没做,否则现在早就改头换面了。

人们一心认为做过的和没做的事,大小轻重是由自己决定的,甚至觉得大小才是本质。

自己做的小事也许对他人来说是大事,抑或他人的小事对自己来说是大事。无论怎样,为过去的行为说长道短是毫无意义的。

——《快乐的知识》

124 人生栏杆

河流的小路沿岸或桥的两侧一般设有凭栏,防止行人不慎摔下去。有可能出现事故时,凭栏也同时掉落,所以有凭栏也并非万无一失,倒可以给行人一种安全感。

同样,父亲、老师、好友就像人生路上的凭栏一样,保护我们,给我们安全感。虽然他们并非无所不能的超人,不能完全依赖,但依然成为我们心灵的后盾。

人生路上多几位犹如凭栏一样的贵人,总在有意无意中给予我们安全安心感,这样的人对青年人非常必要。这并非因为青年初出茅庐,未经世故,而是为了更踏实地走过人生。

——《人性的,太人性的》

125 为梦负责的勇气

人们常为自己的过失而负责任,从没有人为梦负责任。

难道梦不是自己的梦?难道不该高高地举起梦的旗帜吗?难道是因为我们如此羸弱,无法负梦前行,还是因为我们没有勇气?

这个梦不属于别人,是你自己的梦。如果从未想过为梦负责到底,那梦终归是虚梦一场。不是吗?

——《曙光》

126 机敏与愚笨

一个人仅仅头脑机敏、目光犀利并不够,还需愚笨一些。

一个人仅靠聪慧伶俐是得不到众人认可的,甚至往往被调侃"还是个黄毛小儿罢了"。因此,他需要在自己的"锋芒"加上些"锈迹"。

如果一个聪慧伶俐的人也时不时地闹些笨拙的笑话,那就显得可爱和圆润,讨得众人欢心,甚至还会得到额外的援助或队友。这样的人要比光靠智商头脑的人更能获益。

——《玩笑、欺骗与复仇》

127　切勿自夸人品

人品很重要。人们往往称赞的是人品,而不是本人的意见或想法。

但是,人品是演不出来的。再怎么吹嘘自己的人品高尚,也没人听。人们会信任和赞同那些默默地做善事的人。

——《快乐的知识》

128 人的欲求

人有安居之所，能休闲娱乐，食物丰富，营养搭配，身体健康，依然觉得不够，不满意。

人渴望的是绝对的力量。

——《曙光》

129 从笑容看本性

无论在何种场合作何笑容,都意外地表露出人性。比如说,是不是在嘲讽他人失败而讥笑?是不是为他人口中驴头不对马嘴感到可笑?是不是为他人精明的智慧而由衷地大笑?

而且,笑声也能听出本性。

我们不必害怕笑,本性还会也可以通过其他事来表露。只要本性变了,笑容也会改变。

——《漫游者和他的影子》

130 年少不必早有为

一个人过早成功出名,常受众人交口称誉,他就会变得狂妄自大,目中无人,甚至连父老长辈和踏实努力的人也不放在眼里。

不仅如此,他也逐渐遗忘长大成人的意义,也会一步一步脱离成熟滋养的文化环境。当别人逐渐成熟稳重,事业精进时,他则难有成就,而且总是带着孩子气,把旧成绩拿出来当招牌。

——《漫游者和他的影子》

131 玩世不恭者的心理

努力工作且成果丰硕的人对同行或生意对手也心存善念，宽厚豁达。

相反，对工作敷衍了事或唯利是图去应付差事的人，他们对同行或生意对手却抱有莫须有的怨恨和憎恶。

玩世不恭的人常常也如此。

——《曙光》

132　自制者自由

我们常常认为脾气暴躁或神经过敏的人天生如此，本性难移。这种观念的背后是一种根深蒂固的思维——人不会再成长了，所以我们才觉得人本性难移。

但是，怒气是一种临时冲动，也能凭着喜好进行消解，直接爆发会让自己成了急性子。但是也可以用其他方式排解怒气，也可以克制等待怒气消失。

自己心中涌出来的冲动情绪也像怒气一样，可以自由地排解和对待，就像修剪整理庭院里的花草或摘取树枝的果实一样。

——《曙光》

133 胆小者的危险性

愚笨怯懦的人可能会杀人。因为他们不知道如何适度防御,缺乏沉着处理状况的素质,除了抹杀毁灭敌人,他们想不出其他解决问题的方法。

——《曙光》

134 羞辱他人的恶行

令人蒙羞,毋庸置疑是种恶行。

恶人会羞辱别人。偷窃、杀戮也是羞辱。暴力更是,即使是小吵小闹,言语上也可能伤害他人。

自己的恶行不仅会让自己蒙羞,还会让恋人、父母、好友感到羞耻,甚至否定人本身。

因此,真正自由的人是那种无论做什么事都不会感到羞耻的人。同时,他也不会让别人蒙羞。

——《快乐的知识》

135 固执己见只会遭到反对

越是固执己见,强调个人主张,就越容易遭到更多的人反对。

一般来说,坚持自己意见的人都有几个隐藏原因。比如说很享受"这个秘密只有我知道"的感觉。抑或是"如此绝妙的见解被我费力找到了,我需要回报",或者是骄傲"能想到这个层面,我真厉害"。

其实大部分人对固执己见的人的一言一行就有以上这些直观感受,自然对此产生了生理上的排斥感。

——《人性的,太人性的》

136 滔滔不绝的人秘密不少

如果一个人总是对自己的事情滔滔不绝，喋喋不休，那他可能试图掩盖自己的真心或真实身份。

尤其是说谎的人，讲话会变得比之前多，因为他想用各种细枝末节来干扰或转移对方的注意力，害怕暴露自己的秘密。

——《善恶的彼岸》

137 学习技巧的前提

仅靠学学写文章的技巧,离掌握有说服力且逻辑清晰的写作能力还有十万八千里。

改善表达方式和写作能力,并不是添加词汇或文章技巧,而是改变自己的大脑。

当然,不懂的人依然不懂,他们理解力不够,也依旧拘泥于眼前的技术问题,而不去追求背后的原因。

——《漫游者和他的影子》

138 没有风雨不见彩虹

大树如果没有狂风暴雨的极端天气它是否能长得高耸入云？

稻谷不经历倾盆大雨、风吹日晒、台风肆虐或电闪雷鸣到秋天是否能粒粒饱满？

人生中是否不经历各种"恶与毒"就很美好？人是否就能茁壮成长？

憎恶、嫉妒、偏执、虚伪、冷血、贪婪、暴力，抑或是我们可以想出的任何不利条件和众多艰难险阻，它们都是人生路上令人生厌的烦恼之源。但是没有经历过这些不利条件，人真的能变得强大吗？

相反，正是因为这些"恶与毒"，人才有了机会和力量，在人生的旅途中变得愈加强大。

——《快乐的知识》

139 利己主义者的判断毫无根据

利己主义者看上去总是遇事先计算得失。

实际上，利己主义者只是简单地盘算眼前的得失，只是从远近距离、亲疏程度来随意判断事物的重要度。

而且，所谓的远近亲疏也是本人随手定的标准罢了。从这一点来看，利己主义者的算计不合事实，漏洞百出，更相当于是非理智的判断。也就是说这种判断毫无根据，不可信。所以，人们才说利己主义者是喜欢感情用事的、不值得信赖的人。

——《快乐的知识》

140 怠惰滋生的执念

积极的情绪会带来主意，进而催生出主义或主张，但是关键的在这之后。

如果一个人为了让众人全盘接受自己的观点或主张，他始终油盐不进，我行我素，那么个人的观点或意见很可能就变得僵化，变成了执念。

人们常觉得有信念的人很了不起。但如果一个人无论何时都守着自己的老观念旧思想，自身精神世界就会停滞不前，这种原地踏步的精神怠惰就会制造执念。

无论在当时看来是多么正确的观点或主张，都要不断地进行新陈代谢，要在日新月异的时代环境里重新审视，重新建立。

——《人性的，太人性的》

141 发现他人的美

审视他人,要看见他人身上的美。

如果一个人只盯着别人身上的缺点或皮相,只能说明他自己的状态很糟糕。因为,盯着他人的缺点,才能无须审视自己的愚蠢和懒惰,才能自欺欺人地认为"自己比别人厉害"。

也不要和不情愿欣赏他人的人来往。近朱者赤,近墨者黑,自己也会变成卑劣之人。

——《善恶的彼岸》

142 贪欲重的人

有些女人热衷于炫耀自己男人的事业和地位，更喜欢宣扬子女学校的优势、宠物狗的聪明、园艺的精致甚至居住城市的魅力，举止言辞都在示意"这些成果都离不了我"。

同样，政治家和官僚们的一言一行也在暗示着"是我左右着时局和历史"。而普通人甚至对见识夸大其词以引人注目，并以为看见就等于得到。

这些人表面上在侃侃而谈，实际上显露出不断膨胀臃肿的自我主体意识以及它产生的占有欲。何至于此，人竟然企图占有历史和未来。

——《曙光》

143 大胆的女人

通常人们认为男人比女人大胆野蛮,不过这是一种基于体格和行为印象的偏见。

在复仇和恋爱上,女人要比男人大胆野蛮得多。

——《善恶的彼岸》

144 制造人生麻烦的急脾气

两人无论是在相爱相杀还是相敬如宾时，一般只有一方总是承受那些啰唆麻烦事。

这些人有个共同点就是急脾气。

无论在何种情况下，急脾气的人都会大脑短路，暂停正在进行的工作，之前的冷静一扫而光，破口冲动言论和挥出鲁莽行为。因此，就算是芝麻小事也成了大麻烦。

——《曙光》

145 让人久等不道德

一声不吭地让人等候简直就是恶行。这已经不是什么礼仪或承诺层面的问题了。等待的人不耐烦时就开始瞎想担忧,接着心里逐渐不舒服,渐渐地变得愤怒起来。

换句话说,让人久等就是一种极其不道德的,可以不费吹灰之力就可以操控他人情绪,把他人击溃的行为。

——《人性的,太人性的》

146　意外的礼仪

如果对方真心诚意地拒绝了自己的感谢,自己会觉得受到了侮辱。

——《曙光》

147 判断善恶的利己主义

利己主义者判断善恶的标准就是损益即恶,增利即善。

因为他们的标准是自身利益,而且这种粗暴野蛮的人世间还不少。

——《曙光》

148 出门去

去闹市、进人流、朝着群聚处,出发!

在熙熙攘攘的人流中,你变得灵活圆润,焕然一新。

孤独是坏事,孤独让人邋遢懒散,孤独让人腐朽堕落。

那就出门上街去!

——《狄奥尼索斯颂歌》

149 占有欲的奴隶

人需要金钱、舒服的住所、有营养种类多的食物。它们是人独立自由生活的前提条件。

但是,这些条件占有一旦过多,人就变成了占有欲的奴隶。短暂的人生被消耗在占有欲的快感中,连休息时间也推不开人情世故,被小集体呼来喝去,到头来变成了国家的奴仆。

人一生的时光并非为满足无尽的占有欲而挥霍在无用的竞争中。

——《各种意见与箴言》

150 激将法

想调遣勇士需要技巧。即便是工作不危险也不困难，也只需告诉他"任务很危险，困难非常大"即可。

那么，勇士摩拳擦掌，心潮涌动——"这么危险的任务，我不打头谁打头！"

其实，带有一定困难度的工作或任务恰好能激起人的挑战欲。

如果不小心在简单轻松的任务上栽了跟头，也找不到其他借口，只能归咎自己的能力不够。但换成了困难任务，即便失败，也是勇气可嘉，敢于迎难而上。

——《善恶的彼岸》

读书笔记

第八章

爱之篇

151　爱他本人

爱，并非企图征服芳华美人，并非意欲收服精兵强将，并非要感化教导信徒。

爱，并非寻觅意气相投的人，并非接受崇拜自己的人的爱。

爱与自己的生活完全不同的人，爱他本身。

爱与自己的感受性完全不同的人，为他的感受而欣喜。

用爱填补差异，并非削足适履、拔苗助长。为彼此的差异而欢喜才是爱。

——《漫游者和他的影子》

152 爱的妙方

如果你为爱烦恼忧愁,这里有一副药到病除的方子。

那就是给予更多的、更宽厚的、更温暖的、更热烈的爱。

只有爱才能治愈爱。

——《曙光》

153 学习去爱

听陌生音乐时,我们要有耐心,带着宽容之心听到最后,不要因为生疏感而中途放弃。

反复听这个音乐,不久就熟络亲密起来,渐渐地发现音乐中的迷人之处,品味出别样的美妙感,最后爱上了这个音乐,变成了生命的不可或缺。

实际上,就像音乐一样,我们现在钟爱的东西,也是由最初的陌生,逐渐在摸索中踏上爱的学习之路。爱工作,爱自己,爱他人也都如此。

在一步步踏过学习之路后,爱最终才会现身。

——《快乐的知识》

154 发展变化的爱

风华正茂时,让人心旌摇曳萌生爱意的事物往往是标新立异、风趣幽默、稀奇古怪的东西居多。人们不太在意它们是真是假。

随着逐渐成熟,人们开始对真实和真理的趣味而着迷。

在经历世事,稳重老练后,就会痴迷于那些在年轻人眼中简单无聊的不值一提的东西——真理的深刻性。因为,也只有这时的心态才能悟到:真理往往用看似简单冷漠的语气讲述最深奥的哲理。

人在走向深刻的同时也在改变着自身的爱。

——《人性的,太人性的》

155 爱如甘霖

为什么爱如此备受青睐，甚至比公正更被人重视？

为什么人们只对爱滔滔不绝，用无尽的赞美之词来形容爱？

论理性逻辑，公正更胜一筹。爱远远比公正更愚蠢。不是吗？

正因为爱如此愚蠢，才让所有人都感到满足。爱像个美人，捧着无尽的鲜花，痴痴地、毫不吝啬地、永不停息地抛洒着爱。无论是谁都能收到爱，包括那些不值得爱的人、不公正无道义的人，还有从未感谢过爱的人。

无论是好人坏人都会接受甘霖洗礼。爱如甘霖，把每个人都淋得湿透。

——《人性的，太人性的》

156 爱之眼

爱能发现人身上几乎所有的美好,并能默默地守护这些美好。爱也要用最大的努力让人高尚。

——《曙光》

157 接触新事物的诀窍

不论是学习、交友、工作、爱好还是读书,开始接触新事物时的诀窍就是带着最宽松的爱去对待它。

也就是说,即使碰到一些讨厌的、看不惯的、错误的、兴味索然的地方,不要放在心上,注意要全面接受新事物,关注事情的发展全局。

只有这样,才最终看清新事物的全貌,才能了解新事物的核心。

不要凭个人好恶或心情来看待新事物,不能中途放弃。带着宽容之心看到最后,这是求知的诀窍。

——《人性的,非人性的》

158 爱的工作室

善恶的彼岸是指完全超越善恶判断道德的地方。

由爱形成的事情皆发生于此。因此,爱之行为是所有价值判断或解释都遥不可及的地方。

——《善恶的彼岸》

159 爱与欲

两人之间的肉体纵欲是极其危险的,因为长此以往性欲就成了两人的羁绊,而本应做羁绊的爱被抛得无影无踪。

爱是会成长的,切不能被性欲赶超压制。爱的脚步要更快,性欲紧随其后是再好不过了。

如此,两人便也能从肉体感受到彼此的深情,实现肉体与灵魂的双重幸福。

——《善恶的彼岸》

160　永恒之爱

内在感情不像外在行为，是不可控的。它不受主动意识的驱使。

所以，永恒的爱是无法承诺保证的。但是爱也不仅仅是感情，爱的本质就是爱的行为。

——《人性的，太人性的》

161 想要个恋人

你是不是在望眼欲穿等良人出现?

"想要个恋人。"

(我没听错吧?)

"想要深爱着自己的恋人。"

(我确实没听错)

岂有此理!见过自恋的,没见过你这种自恋的!

你有没有拼命努力去变成人见人爱的良人?

"我不需要人见人爱,只要一个就行。"

(他没明白我的话)

一个人也来自人人中。你做不到人见人爱,还指望有人来爱吗?哎呀哎呀,自己照照镜子就搞清楚了——癞蛤蟆点天鹅肉,牛粪想插鲜花呢!

——《人性的,太人性的》

162 男人眼中的魅力女人

女人想在男人眼中显得迷人有魅力,只须保持神秘感即可。

宛如带着纯白面具的美人,身姿若隐若现,神秘似幽灵。

遇见这样的女人,男人的欲望就被刺激得愈加膨胀起来,他们拼命地窥视面纱背后的容颜,不断地探究女人的内心。

这种方法也可以迷倒大众。演员出于职业素养,保持神秘感,维持大众眼中的自身魅力,独裁者与邪教首领更将这种手段发挥到最大功效,掩盖极为肮脏卑劣的洗脑行径。

——《人性的,太人性的》

163 结婚前的犹豫

结婚前你如果还在犹豫是不是要和伴侣踏入新的生命旅程,那可以静下心来问问自己:

"我是不是能和这个人永远地愉快聊天,即使到了七老八十依然能兴致勃勃地秉烛夜谈?"

在漫长的婚姻生活中,大事小事接连不断地发生。这些短暂的起伏也终将在时间流逝中消失不见。

但是,夫妻之间的交流却是占了生活中大部分时间,而且人越上年纪,对话时间就越多。

——《人性的,太人性的》

164 自恋者的贪爱之心

如果男人女人都觉得自己才是必须获得更多爱的一方,那么两人就会产生更多的闹剧般的争吵和麻烦事。

因为彼此都陶醉在自己更优秀更值得被爱的幻想中。

——《人性的,太人性的》

165 带着责任心去实现梦想

你还在关心负责其他事吗?何不首先去关心如何实现自己的梦想呢?

难道你竟软弱无能到连梦想都实现不了吗?还是说你如此地怯懦胆小呢?

没有比梦想更能证明自己的东西了。

实现梦想才是你切切实实尽全力要做的事。

——《曙光》

166 当女人不再是女人时

忘记吸引男人的女人,她忘性多大,就多憎恨他人。

——《善恶的彼岸》

167 爱是喜悦的桥

爱,一个人能理解那些与自己生活方式和感受截然不同的人,并为他感到欢喜。

爱,并非爱另一个自己,而是欢快地踏上一架通往与自己生活完全相反的他人的生活的桥。不否定这种差异,反而无比欢喜才是爱。

审视自我也同样如此。我们的内心有绝对不相交的矛盾和对立面。爱,并不会反抗这些矛盾,反而因为它们的存在而欣喜。

——《各种意见与箴言》

168 女人的特别的爱

女人的爱有很多种,但是每一种爱中必然包含母爱。

——《人性的,太人性的》

169 熊掌与鱼 爱与尊敬

你尊敬一个人,说明你和他之间有距离,中间隔着敬畏之情。你与他之间有上下级关系或是力量差距。

但是,爱并不在乎这些。没有上下级别,不管力量差距,不在乎一切差别,爱可以包容所有一切。

所以,好面子的人反感别人的爱。尊敬的注目礼更让他心情愉快。

因此,自尊心过强的人屡屡遭受无情冷落。爱与尊敬犹如鱼和熊掌不可兼得,不妨选择接受爱,心情会更好。

——《人性的,太人性的》

170 爱是宽恕

爱是宽恕。
爱也宽恕情欲之罪。

——《快乐的知识》

171 自然而然的真爱

对别人好，会让自己产生某种愉悦感。并非善举善行本身是愉悦的，而是因为感觉自己有点接近贤者圣人。

但是，在日常生活中我们亲切善待好友知己，并没有意识到这种自然而然的言行是善举，更不会觉得自己是什么圣人。

但是，这要比有意识的善举更高尚，充满了更多的真实感情和爱意。

——《漫游者和他的影子》

172 最狂妄的自恋

什么是最狂妄的自恋?

要求被爱。

这样的人强烈地认为自己高人一等,是天选之子,他们常常高调宣称:"我自己值得被爱。""没有人比我更有资格获得盛赞了!"

这种自恋狂是典型的歧视主义者。

——《人性的,太人性的》

173　忘记去爱

忘记爱他人，于是也忘记了自己身上值得爱，渐渐地也不再爱自己了。

最后剩下的是心死。

——《曙光》

174　爱让人成长

一旦爱上谁，人就会小心翼翼地处理自己的缺点和糟糕之处，这并非出于虚荣心，而是害怕伤害爱慕之人。他会趁着对方没注意，尽快悄悄地改正缺点。

这样的人会变成好人，甚至变成接近神一样的完美之人。

——《快乐的知识》

175 恋爱人的眼中

人又不出类拔萃,外貌也勉勉强强,性格也不尽如人意,在旁人看来爱上这种人确实不可思议。

但是,爱慕者眼中的焦点不同。他能发现旁人发现不了的不同凡响之处和高洁美好的一面,并能始终不渝地默默守护。

——《善恶的彼岸》

读书笔记

第九章

知之篇

176 救命的本能智慧

人不吃饭就会衰弱,最终死亡。睡眠不足,持续四天左右身体就与糖尿病患者无异。彻底失眠后从第三天开始出现幻觉,不久会迎来死亡。

我们靠智慧解决人生的困难,也会滥用智慧做坏事。在这一点上,智慧等于便利的工具。

人们常常误以为本能是兽性的、野蛮的,但本能确实会挽救我们的生命。人人都具有这种极其有效的救赎的智慧。

因此,本能处于智慧之巅,是最具智慧的智慧。

——《善恶的彼岸》

177 看清本质

每眼矿泉都有不同的姿态。有的哗啦哗啦地朝外涌,几乎快要溢出来了,有的细水长流,有的则是滴答滴答地滴出来。

不了解矿泉价值的人会按水流量判断矿泉元素的丰富性,而深谙矿泉功效的人是按泉水成分来判断泉水质量。

同样,我们看问题不能被表面现象或外在压迫力迷惑,而是要从对人的意义和价值角度来判断质量。

看清本质是极为重要的能力。

——《漫游者和他的影子》

178 改变视点

善恶之分与伦理道德在不同的时代有不同的世俗标准,甚至有完全相反的定义。

在古代,有些偏离传统风俗习惯的自由言行会被视为异端。同时一些个人私下的行为,僭越身份阶级的平等追求,不可预知的问题,脱离传统的行为,甚至无法估计的事情都被认为是恶行。现代社会普通寻常的言行举止或思维观念在古代人眼中都是歪门邪道。

改变视点并非只是想象对方的情况或当时的状况,学习古代历史的种种问题对改变视点大有帮助。

——《曙光》

179 人性善恶

恶是什么？是羞辱他人。

最人性的是什么？不让任何人蒙羞。

人的自由是什么？无论做什么都不会羞愧。

——《快乐的知识》

180 学习是美好生活的基石

想要理解并遵守与别人的承诺，就需要有充分的理解力和记忆力。两者也可以通过经历和磨炼获取，它们是智慧的一部分。

一个人对某人某事或不相干的某人持有同情心的话，就需要有充分的想象力。想象力也是智慧的典型代表之一。

伦理道德是与智慧紧密相连的。而且，没有什么智慧是不包含知识的。

所以，努力学习哪怕是一些当下看来毫无用途的知识，也会变成建立美好人生基台的砖石。

——《人性的，太人性的》

181 真理的论据

切勿用热情度来判断观点的真伪。阐述得激情昂扬并不能证明所说的观点就是真理,但是这么以为的人不在少数。

另外,历史的悠久和绵延不绝的传统习惯也不能成为真理的论据。反而,我们要尤其对强烈主张遵循传统历史的人提高警觉性,因为这些人很可能会为一己之力而伪造或篡改真正的历史。

——《曙光》

182 盗书者

读书时切勿变成品性低劣的读者。他们简直就是群掠夺民脂民膏的强盗武夫。

他们在阅读时，总是像窃贼一般东瞅瞅西看看藏着什么值钱的东西，在草率的翻书过程中，偶然发现了自己能用的、顺手的、对自己有利的东西，就兴高采烈地单独薅出来用。

而且，他们还大言不惭地嚷嚷着这些"赃物"才是书的核心内容（仅限他们的理解范围内）。这种可耻的言辞不仅说明他们得鱼忘筌，将书弃之如敝屣，甚至还辱没了书和它的作者。

——《各种意见与箴言》

183　应该阅读的书籍

我们应该读这样的书。

那些让我们读完之后,再看世界已然迥然不同的书。

那些能将我们带到世界的天涯海角,体验别样生活的书。

那些读完之后,心灵如同受过洗礼一般的书。

那些给予我们新的智慧和勇气的书。

那些启迪我们爱与美的新认识和新视界的书。

——《快乐的知识》

184 场馆与设施并不能催生文化

不断地建造剧院、美术馆等豪华气派的文化场馆，并不会源源不断地创造出文化。

无论技术多先进，设备种类多丰富，都不能真正构建多彩文化的坚实基础和充分满足催生文化的条件。

因为，孕育文化的是心灵。

但是官僚和商人总是串通一气，将冠以"发展文化"虚名的摆设拿出来给大众展示。

在如今物质泛滥的时代，将文化的本质歪曲为物质、工具的思维观念尤其值得我们警惕和抵制。

——《人性的，太人性的》

185 阅读古典的益处

读书带给我们各种益处，尤其是滋养心灵沃土的古典书籍。

古书带着我们远离忙忙碌碌的当下，带我们常有陌生新奇的外国风情。

当我们从书中抽离回到现实世界时，会惊讶地发现世界的全貌竟前所未有地清晰明朗。我们重新找到了新的视点、新的方法，带着崭新的态度继续人生之路。

因此，当我们日暮途穷、走投无路时，别忘了古典书籍是启迪新的智慧之门的钥匙。

——《人性的，太人性的》

186 真正的教育者会解放学生

进了好学校,才能遇见好老师,受到好教育。果真如此吗?

你期待教师教给自己什么东西,让教师给你带来什么教育?

不同的教师或学校传授的知识是否不同?

但是真正的教育者不是看牌子或成绩,而是将你的潜力全部激发出来。换句话说,真正的教育者就是解放你的人。

因此,对你来说,真正的教育者是让你生机勃勃地过好每一天,让你思维活跃,思想自由自在,能充分激发你潜能的人,他们所在的场所才是你真正的学校。

——《作为教育家的叔本华》

187 繁荣带来的启迪

古希腊之所以能创造并维持长久的文化繁荣,是因为它广博地吸收外国文化与知识素养,并转为己用,发展壮大。

而这种发展的基石就是多方面地学习。这里的学习并非一味地生搬硬套,而是将外国文化当教育素养丰富本国文化的营养。

现代社会同样应该如此,仅靠一味地追求利润的经济活动并不是实现真正繁荣和发展的道路。

——《备忘录》

188　百忍成金

才高八斗身怀绝技却最后功败垂成的人不在少数。因为,他们总是等不及成功的那一刻——"我自己出手,哪有不成功的事!"这种傲慢带来的往往是半途而废的结果。

无论是做任务还是搞创作,脚踏实地从头到尾耐心完成才是最重要的。所谓"欲速则不达",很多事情并非早着手就必定早完成的。

因此,相对于才能或技艺,完成工作起到决定关键作用的是时间沉淀带来的纯熟与觉悟以及坚持如一的踏实步履。

——《漫游者和他的影子》

189 通往理想的道路

一个人光有理想还不够,最关键是找到适合自己实现理想的道路。否则,自己的言行举止或待人处事的方式都是朝三暮四,飘忽不定。

如果一个人总也找不到实现理想的路,常常远眺触不可及的理想,宛如仰望天边的皎月寒星,好像与自己毫不相干,这样的人生只会以可悲凄惨收场。

因此,比起不奢望理想的人,那些对理想求而不得的心境会将人折磨得支离破碎,最终走向毁灭。

——《善恶的彼岸》

190 求知欲强的人不会感到无聊

不断地学习和积累新知识,并将其升华转化为修养和智慧的人不会感到什么无聊,因为世界的一切越学越让其兴致勃勃。

同样一则见闻,他们就能从寻常现象中发现新经验,找到启发点,甚至能摸索出完成思维拼图的关键点。

换句话说,每一天他们都在享受解谜和获取新知的快乐,他们的生活五颜六色,充实且有意义。对于他们来说,世界是无尽的快乐宝藏,犹如植物学家一样在丛林中流连忘返。

因为每天生活中充满了探索和发现,无聊无趣早已消失得无影无踪了。

——《漫游者和他的影子》

191 适度用力

恰到好处的作品和工作一般大约花四分之三的精力。

因为,呕心沥血倾其所有而呈现的作品似乎给人一种沉重痛苦的印象,且压迫感十足。这种感觉难免让观众不愉快,甚至还涌出某种浑浊的兴奋感,同时周围还弥漫着创作者的冲动与盲目。

但是,花四分之三的精力做出来的作品有种从容豁达以及舒适感,也给人愉悦的印象,让人有安全感和身心健全感,也就是更让人接纳认同。

——《人性的,太人性的》

192 如果想成为专家

要想在某个领域成为专家,就要先克服几项困难。

性急、焦躁、以牙还牙的复仇心、情欲等感情冲动。

只有当你学会轻松地消解或克制潜藏的冲动感情之后,才能着手做事。

否则,总有一天这些感情喷涌而出,变成洪流漩涡,泛滥心田,甚至可能把之前所做的一切都毁于一旦。

——《漫游者和他的影子》

193 勿忘善后

建筑家的道德就是盖好房子后把脚手架拆得干干净净。园艺师的道德是修剪完庭院后把残枝落叶打扫干净。

同样,我们做完某项工作后也必须认真善后。只有善后完成后,我们的工作才真正完成了。

——《漫游者和他的影子》

194 所求在身边

请深挖你的脚下。甘泉不在别处,恰在你脚下。

有多少年轻人总是远走他乡,在更遥远的土地上寻觅探索,试图找到适合自己的东西。

然而,自己从未注视过的脚下才有取之不尽、用之不竭的甘泉,才有自己苦苦追寻的目标,埋藏着真正属于自己的宝藏。

——《玩笑、欺骗与复仇》

195 实践出捷径

数学告诉我们两点之间直线最短,但现实生活中并非如此。

以前乘船出行时,有人告诉我"航线最短的是最佳风力扬满帆的那条路"。

这理论也说明了我们完成工作的捷径。计划是赶不上变化的,现实生活中的各种变化会把远路变成捷径。而只有着手实践,才真正知道影响计划的现状是什么,事先是无法预知的。

——《漫游者和他的影子》

196 客观视角才能掌握全局

法国印象派大师莫奈的点彩画，如果近距离欣赏就看不懂到底表现了什么内容，只有拉开距离从远处鉴赏，画中景物的轮廓才逐渐清晰。

正所谓当局者迷，旁观者清。身处事件其中，不了解现在事件的发展和全局。但是如果跳出事件，客观地观察时就会看懂问题出在哪里，事物的内部结构和核心也自然而然地显露出来。

这种方法可以简化复杂事物。那些历史上的思想家就是利用这种方法，将复杂事物的大框架找出来简单化，将深奥的问题用通俗简单的语言讲出来，借以传播思想。

——《快乐的知识》

197 抛掉自己的哲学

"有自己的一套哲学",这种说法一般是指某种固执己见或独断专行。这种"哲学"只会让自己规格化、统一化。

与其听自己那套一成不变的哲学,倒不如侧耳倾听人生的大事小事对自己的窃窃私语。后者让我们看清楚事物和生活的本质。

而看清本质正是所谓的哲学。

——《人性的,太人性的》

198 精神层次

追求美好人生的人,他们的精神在不同的发展阶段追求的价值目标各有不同。这里的价值目标指的是精神将什么视为最高尚的道德。

第一层次的最高道德是勇气。

第二层次的最高道德是正义。

第三层次的最高道德是克制。

最后第四个层次的最高道德是智慧。

你可以认真叩问内心,自己现在的精神处于哪个层次。

——《漫游者和他的影子》

199 没必要卖弄聪明才智

如果一个人总喜欢不经意地卖弄一下自己的脑瓜子,那迟早会遭遇有意无意的排斥或抵制。这些明枪暗箭也会害了好心情。

因此,聪明人会与旁人一样把喜怒哀乐写在脸上,偶尔还起哄兴奋。这样一来,真正聪明的人能掩盖自己的锋芒,不会让自己身上特有的敏锐眼光、冷静头脑和深刻思想伤害到别人。

——《漫游者和他的影子》

200 习得才能

人不应为自己天资欠佳而心生悲观。
没有先天的才能,后天努力习得便可。

——《曙光》

201 实践出真知

人光靠读书学习并不会变聪明,唯有经历体验种种才能收获智慧。并非所有的经历体验都是一帆风顺、安全无害的,有的也有危险,甚至还会出现中毒上瘾的后果。

经历经验最重要的是投入。半途再冷静观察全貌并不妥,否则称不上完整彻底的经历和体验。

反省和审视全局要放在事后。只有彻底经历之后的反省和过程审视才能催生智慧。

——《漫游者和他的影子》

202 讲话的质与量

我们常常把自己的想法、感情或深埋心间或向人倾述。向人倾述时，我们不仅会觉得自己基本上把想说要说的都讲清楚了，而且很乐观地认为别人差不多都能听懂理解了。

但是，我们表达想法的语言都是自己现有水平下即兴组织的，也就是这种语言表现力越差，传达的效果就越差，自己的想法或感情并没有真正地充分表达出来。另外，语言组织的质量和多少也决定了别人如何理解我们的思想和感情。词汇贫乏的人，思维和感情上也是粗糙大条。

因此，与优秀之人对话、阅读、学习可能提升语言的质量，丰富词汇量，从而增加思维的深刻性和滋养心灵的内涵。

——《曙光》

203　远距离审视

请暂时离开自己现在长期涉足或了如指掌的东西，请远距离来设置它的全貌，你会看见不同的风景。

这就像当你离开自己居住的城市，站在远方回头眺望时，你才第一次发现那座市中心的高塔耸入云霄，远远超过了鳞次栉比的楼房。

——《漫游者和他的影子》

204 两种冷静

包括工作在内的大部分事情,沉着冷静是最佳的处理态度。这里的冷静分为两种不同的冷静。

第一种是精气神儿虚弱的冷静。这样的人总是对任何事情都漠不关心,事不关己高高挂起,旁人看起来确实很冷静。

第二种是克制冲动和欲望后的冷静。这样的人能实际解决问题,理解各种事情,犹如春风化雨,让人舒心快意。

——《漫游者和他的影子》

205 聪慧的表露

保持聪慧的头脑和敏锐的思维会让你的容貌看起来也充满睿智。除了你的一笑一颦，还有你的一举一动都流露出机敏聪颖的风采，比如你的动作姿势，在旁人看来非常有风范。

所谓"相由心生"，有什么样的精神状态，就有什么样的容貌姿势。就像精神饱满的人走起路来意气风发、风风火火，而内心掩藏悲伤和失意的人却无精打采，走路有气无力。

——《人性的，太人性的》

206 对话的作用

对话并不是聊些不咸不淡的场面话或八卦谣言，而是一种沉静从容对既定事实交流看法的重要手段。

因为，通过对话啊，我们才能厘清自己的想法，找出思想上的漏洞，更清晰地看明白问题的关键点。通过对话，我们才能整理零散的思维和观点，将其系统化。

否则，一个人东想西想，思维漫无目的和毫无轴心，始终形不成完整的体系，没有完整的框架。

因此，对话可以相辅相成，变成彼此思想的产婆。

——《善恶的彼岸》

207　心胸要开阔

我们在表达观点时，用到的是现有词汇和现场组织的语言。那可以说如果词汇贫乏，语句苍白，表达效果就会很浅薄单调。

丰富的词汇代表了活跃的思维。思维越活跃，思想就越广博，甚至还有很长的持久性。这是人生对抗困境的最佳武器。

丰富的词汇将让人生之路越走越平坦。

——《曙光》

208 原因与结果之间

很多时候,我们认为有什么原因就有什么结果。但值得注意的是,原因与结果是我们一厢情愿地冠名罢了,事实并非如此。

不同的事物或现象并不能简单地用因果关系分析,也许还有很多隐藏要素。

如果无视这些要素,只是按某种要素的因果关系去盖棺定论,并由此推断出某种密切关联或继承性,得出的结论才是滑天下之大稽。

因此,我们不应该过度用因果关系理解事物的本质,他人的异口同声并不能保证结论的正确性。

——《曙光》

209　逻辑合理并非充分条件

一件事不合逻辑并不是排除它的首要理由,反而有时候,不合逻辑恰恰是该事物必须存在的理由之一。

——《人性的,太人性的》

210 独创性的条件

那些拥有特殊嗅觉，能找到史无前例稀奇古怪东西的少数派，并不能称为有独创性。

真正有独创性的人具有极为敏锐的审美眼光。那些在常人眼中已然过失的旧物、司空见惯的平常物件、丝毫不以为意的平凡事物，在他们眼中都是崭新的非凡宝物。

——《各种意见与箴言》

211 低视角的世界

大人可以偶尔躬下身体或蹲低点儿凑近看看路边的花花草草以及其间翩翩起舞的蝴蝶,你会发现这里的世界与往常俯视的路边风景迥然不同。

小孩子已然熟悉的风景在某个瞬间让你惊艳不已。

——《漫游者和他的影子》

212 看清现实与本质

只盯着眼前的具体现状,并能据此拿出对策的人确实是务实派,看上去非常靠谱。

人活在现实中,兵来将挡,水来土掩是理所当然的。毕竟现实是现实,谁也不可藐视。

但是要看清事物的本质,就不能只盯着事物具体的个性。要学学古代哲学家柏拉图,时常带着敏锐的眼光,去抓住事物的共性和抽象性,从而分析出事物的本质属性。

——《曙光》

213 培养深刻思维

认真思考的人至少具备以下三个必要条件。

良好的社交,不间断地阅读,永远保持热情。

三者缺一不可,否则无法培养深刻思维。

——《漫游者和他的影子》

214 朴素的表达方式

两个人阐述同一件事,一个听众反应差,一个听众反应好,这个差异并非来自演讲的技术问题。

前者为了激起听众的兴趣,说得天花乱坠,语不惊人死不休。结果事与愿违,听众也听出来他的企图和心机。

后者则带着自己浓厚的兴趣将事情坦诚告诉听众。语言平实朴素,毫无矫揉造作之感,听众也感受到他的真诚,自然而然地随着他的语言魅力进入描绘的情境中,与讲话人感同身受。

这个道理也同样适用于写文章、演戏,甚至人的活法。

——《善恶的彼岸》

读书笔记

第十章

美之篇

215 不要丢掉抱负与梦想

不要抛弃你的理想,不要放手驻扎灵活的英雄。

每个人都在攀登高峰,每个人都拥有抱负和梦想。世界并没有物是人非,你也并非垂垂老矣,你更不该沉湎旧事,扼腕今朝,也不该放弃自己高飞的翅膀。

如果你不经意间丢了抱负与梦想,内心深处就渐渐地开始嘲讽那些念叨自己梦想的人。过不了多久,你的内心就会浊流翻涌,弥漫着嫉妒与憎恶的恶臭。

绝不要抛弃抱负和梦想,为了美好的人生,也为了高贵的自尊心。

——《查拉图斯特拉如是说》

216　遇见高贵的自己

有一天,你会遇见高贵的自己,眼眸清澈无垢,身姿高贵典雅,与如今的你迥然不同。

你望着自己,仿佛蒙受千斤恩宠。

请珍惜那一刻吧。

——《人性的,太人性的》

217 致年轻人

你正当少年,想振翅高飞。
年少无知的前途危机四伏。
但我诚心地祈愿。
愿你不要抛弃爱与希望。
愿你不要放手常居灵魂深处的遗世独立的英雄。
愿你视希望之巅为不可侵犯的圣物。

——《查拉图斯特拉如是说》

218 不懈前行

最重要的不是你的起点,而是你的终点。终点就代表着最高的荣誉。

你朝着怎样的未来奔跑?你向着哪个方向振翅高飞?你开拓了哪片荒原?你又要创造何物?

不要沉湎于过去的成绩。不要用"比上不足比下有余"麻痹自己。不要对自己的梦想夸夸其谈,却毫不躬身践行。不要安于现状,停止脚步。

努力地奔跑吧!不停地前进吧!

向着更远的远方!朝着更高的天空!

——《查拉图斯特拉如是说》

219 不对比，无光辉

再出色的画家也无法单靠手边的颜料描绘出明媚光亮的碧空。

但当他将画布上的其他风景调至比实际色调暗淡之后，天空也就逐渐明亮起来了。

这种对比生辉的技巧也能应用在其他领域。

——《曙光》

220 远距离的美

有时候我们需要远距离的审美视角。

比如说,当我们离开好友,一人独处时,想起他们的音容笑貌竟然比在一起时更亲切美好。就像有些音乐不再耳边回响时,才觉得余音绕梁,让人心驰神往。

这是因为很多东西在脑海中要比在眼前显得更可亲可爱。

——《曙光》

221 矜持

绝大多数孔雀在人面前都会收起华美的翅膀,这被称为孔雀的矜持。

动物尚且如此,人类是否更应该多一分谨慎与矜持呢?

——《善恶的彼岸》

222 用自己的眼发现美

从瑞士的日内瓦眺望勃朗峰四周的群山，绮丽俊秀，婀娜多姿。然而，为招徕游客打出了"勃朗峰是阿尔卑斯的最高峰，浑然天成，风景绝佳"的广告词，致使人们眼中再无他山。

如此一来，我们怎么能真正大饱眼福。

尽信书则不如无书，我们不妨亲眼看看实际的美，亲自感受一下实际的美。

——《漫游者和他的影子》

223 向树学习

松树总是高耸挺拔，像是侧耳倾听着什么。

冷杉常常凛然危立，丝毫不见任何惺忪之态，仿佛在等待着什么。

这些树总是屹立在寂寞冷清中，仿佛忍受着什么，却默不作声地承受着，看不出焦虑，没感觉到慌张急躁，更听不到大嚷大叫。

也许，我们应该学学松树和冷杉的沉默与忍耐。

——《漫游者和他的影子》

224 大自然的温柔

我们偶然可以亲近一下大自然,放松一下心神。

清风拂面,沁人心脾。

不仅如此,她也毫无怨言地张开怀抱,拥抱每一个人。

——《人性的,太人性的》

225 另一种奉献

人们认为奉献是高尚的道德行为。比如：照料老弱病幼，舍己为人，杀身成仁，冒险助人，等等。医生、护士、急救员、护工也从事奉献的工作。

但是细细一想，其他工作不也是另外一种奉献形式吗？包括耕地农作，结网捕鱼，载货运客，制作玩具，等等。这些工作即使与宗教或直接救人助人的工作看起来毫无关联，但是，从某种意义上来说，也是牺牲自己援助他人的工作。

在更加广泛的意义上来说，一切深思熟虑、考虑周全的行为都称得上是奉献。

——《漫游者和他的影子》

226 伟大的劳动者

伟人不仅在于他们是伟大的思想者,更在于他们是伟大的劳动者。

他们总是专注于自己的工作,取舍、发力、创造、改变、修整。他们不辞辛苦,不懈努力,只不过这种努力和劳动没有表现出来罢了。

——《人性的,太人性的》

227 用人不疑

善用人者,不轻易责人拒人。因为他们有实力细耕人才之土壤,并促其开花结果。同时,他们精通肥料的选择,施肥技术更是炉火纯青,难怪有累累硕果。

——《漫游者和他的影子》

228 纯熟的技艺

技艺超越娴熟水平,到了纯熟练达的阶段。这是什么阶段?

首先是计划上滴水不漏,万无一失。其次是实践上干脆利落,毫无拖沓。动作看似随意潦草,实际上针针见血、不差毫厘。

——《曙光》

229 寻找知性美人

你是否在寻觅秀外慧中、气度不凡的美人？那就像看风景一样寻找吧。美人似美景，需要一定的场所和一定的角度，而不是360°环视全貌。

诚然，教养面面俱到的圣人并非不存在，但是美人并非圣人。正如一个人仰望正头顶的风景时，他绝不会称其为绝世美景。

——《曙光》

230 爱上感觉

请不要把感觉或感官视为下流无耻,看作虚伪做作,或是直接等同于大脑的化学反应。不要强迫自己远离愉悦感或快感。

我们不妨去爱上这种感觉。感觉的深浅可变成不同的精神财富。人类从古昔就已将感觉艺术化,创造出了文化与文明。

——《权力意志》

231 有福之路

一切福事都是绕道而来,慢慢地接近目的地。

——《查拉图斯特拉如是说》

232 默默地自我试炼

试炼自己吧！默默地见证自己的试炼。

比如，即使没有旁人，也依然正直坦诚地待人处事。

比如，即使独处，也注意一言一行，温文尔雅，彬彬有礼。

比如，对自己诚实，从不自欺欺人。

当通过了各种试炼，你就会对自己刮目相看，发现自身的高尚之处，就拥有了真正的自尊心。

自我试炼给你带来强烈的自信心，同时也是对自己的褒奖。

——《善恶的彼岸》